ALGÉRIE

MÉMOIRES MILITAIRES ET POLITIQUES

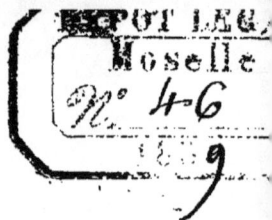

ALGÉRIE

MÉMOIRES

MILITAIRES ET POLITIQUES

PAR

Le Capitaine GAILLARD

Aujourd'hui Intendant militaire de la 8ᵉ Division.

RÉIMPRESSION

METZ

Typographie de J. VERRONNAIS, rue des Jardins, 14

1859

DE LA CRÉATION

DES

CORPS INDIGÈNES

EN AFRIQUE

PAR

Le Capitaine GAILLARD

Du 13ᵉ Léger.

DE LA CRÉATION

de

CORPS INDIGÈNES

EN AFRIQUE.

———◆———

La nécessité de créer en Afrique des corps auxiliaires composés d'indigènes peut se démontrer :

1° Par la configuration du sol et par le climat ;

2° Par les usages et les mœurs des habitants ;

3° Par le besoin d'arriver à une organisation de ce pays, au moins dans un rayon assez étendu, pour que l'armée d'occupation et les colons puissent y trouver les ressources nécessaires à leur existence, s'ils venaient à être séparés momentanément de la métropole ;

4° Afin de diminuer, en cas de guerre sur le continent, ou par raison d'économie, l'effectif de l'armée d'Afrique, sans compromettre la possession de cette conquête.

Nous allons examiner successivement ces quatre motifs :

1° Depuis Cherchell jusqu'au cap Matifou, une chaîne de collines s'élève le long de la mer ; sa hauteur moyenne est d'environ 200 mètres. Le mont Bouzaria, sur un des contreforts duquel se trouve Alger, a une élévation de 410 mètres. La largeur de ce massif est de

1

2 lieues vers Coléah, de 5 lieues d'Alger dans la direction de Blida ; vers le fort de l'Eau il n'est plus que d'une lieue. Le massif est sillonné par trois rivières et par un grand nombre de ruisseaux qui deviennent torrentueux dans la saison des pluies, et qui découpent le sol en vallons ou ravins profonds et resserrés. Ce terrain, dans les environs d'Alger, est édifié de beaucoup de maisons de campagne isolées, dont les terres sont entourées de haies de cactus, d'aloès, et sont plus couvertes de broussailles que de céréales. Excepté les routes que l'armée a tracées, et qui sont loin de suffire pour bien éclairer le pays, il n'y a que quelques sentiers d'autant plus dangereux à suivre qu'ils se dirigent sans égard aux accidents du sol, qu'ils sont bordés de haies épaisses, et que presque toujours ils se perdent au milieu des maquis sans qu'on puisse retrouver leur trace. Tout ce massif peut avoir 26 lieues carrées. Fertile et sain dans presque toutes ses parties, c'est lui qui verra les premiers essais réels de colonisation ; il faudra donc qu'on puisse s'y livrer en toute sécurité aux travaux des champs ; qu'on puisse le parcourir en tous sens, et la ligne actuelle de nos avant-postes ne suffira plus le jour où des colons répandus sur ce terrain viendront offrir aux Arabes, naturellement voleurs, un appât à leur avidité, sinon à leur haine. Il faudra alors établir de petits postes intermédiaires fournissant des découvertes nuit et jour, battant constamment la campagne, exposés aux ardeurs du soleil, à l'humidité considérable des nuits, et cette vie, qui est celle des Arabes, convient peu aux habitudes et au tempérament des Français : les maladies et l'ennui les auraient bientôt décimés !

Il serait donc déjà nécessaire de confier une partie du service de surveillance extérieure à des corps destinés spécialement à battre la campagne, et ces corps, par la nature de leur service, qui exige une grande habitude du pays, et par le climat, ne peuvent être composés que d'Arabes appuyés par les camps et les avant-postes français.

Cette nécessité devient bien plus grande encore si, comme il paraît indispensable de le faire, nous nous établissons dans la plaine de la Métidja, en occupant Blida, Coléah, et en élevant à l'est de la plaine un ou deux camps retranchés pour protéger les colons.

La configuration du pays nous démontre encore que l'occupation de ces points ne suffirait pas pour protéger complétement les travaux dans la plaine. En effet, cette plaine, qui a environ 100 lieues carrées, et qui s'étend comme une longue vallée de l'ouest à l'est, sur une longueur d'environ 20 lieues, est bornée à l'est, au sud et à l'ouest par un rameau de l'Atlas habité par 51 tribus, dont la plus éloignée est à 56 heures de la Métidja, et dont le plus grand nombre n'en est qu'à 12 ou 15 heures ; la population de ces tribus peut s'élever à 75000 âmes. Peut-on croire qu'elles nous laisseront la libre possession de cette plaine, et qu'elles nous verront faire tranquillement les immenses travaux de desséchement que son insalubrité nécessite ? Peut-on croire encore que les Arabes ne profiteront pas des nombreux sentiers, praticables pour eux seuls, qui débouchent dans la plaine, pour venir, sinon attaquer nos camps, au moins, inquiéter nos communications, surprendre nos hommes isolés, nos convois mêmes, et cela à l'aide d'un terrain marécageux, couvert en partie de bouquets d'arbres assez touffus dont ils connaissent bien la valeur offensive ou défensive ?

Du camp de Douéira à Blida, il y a six heures de

marche ; du même camp à Coléah il y a cinq heures ;
de Coléah à Blida 5 heures ; de Blida au camp à construire vers la rivière Hamise au moins 10 heures ; de ce
camp au fort de l'Eau, il y aura 2 à 3 heures ; de nos
camps de Koubba et de Birkadem au centre de la plaine,
il y a au moins 3 à 4 heures de marche ; on doit voir
combien il importe d'organiser des corps volants pour
parcourir constamment les intervalles qui existeront
entre nos divers établissements ; et des gens habitués à
la vie nomade peuvent seuls faire ce service, que la
chaleur et l'humidité du climat, ainsi que l'insalubrité
de cette plaine, rendent non-seulement très-pénible,
mais encore dangereux.

2° Les mœurs, les usages, la manière de vivre des
Arabes, contribuent à leur rendre facile toute espèce
d'excursion. Le bernouss, dont ils sont enveloppés, les
garantit à la fois et de la chaleur et de l'humidité : il
devient encore un bon vêtement de bivouac. Leur sobriété extrême leur permet de s'absenter plusieurs jours
sans emporter avec eux des provisions de bouche ; du
lait, un peu de couscousou, un fruit du cactus, toute leur
nourriture se borne là ; leurs chevaux, aussi sobres, trouvent toujours un peu d'herbe ou quelques jeunes pousses
d'arbres pour repaître. Enfin, ils peuvent facilement
battre la campagne pendant trois ou quatre jours sans
éprouver de privations. Ce temps est plus que suffisant
pour que les Arabes les plus aventureux des 31 tribus
voisines de la Métidja viennent brigander dans cette
plaine, et quand ils ne feraient qu'inquiéter les travaux, le temps qu'ils nous feraient perdre pour réunir
nos travailleurs, serait déjà un dommage assez grand
qu'il nous causeraient, puisque les grandes pluies et les
fortes chaleurs ne nous permettront de travailler que

quatre mois de l'année. Est-ce nous, avec nos vêtements qui ne nous garantissent d'aucune température; avec nos besoins impérieux, nos provisions en pain, vin, viande, etc., enfin avec tous nos *impedimenta*, comme disaient les romains, qui pourront suivre, pour ainsi dire, au pied et à l'œil, les hommes les plus aventureux parmi une population nomade? Je ne le crois pas! Il faut donc opposer les Arabes aux Arabes. Ceux qui nous serviront ayant les mêmes passions, le même caractère, les mêmes mœurs, la même manière d'être que leurs adversaires, et de plus considérés à toujours comme des renégats, auront le même esprit de ruse, soit pour les épier, soit pour les surprendre, et seront supérieurs en audace et en acharnement, car la vengeance la plus cruelle s'exercerait sur un Zouave qui serait pris.

Il ne faut point oublier que l'Arabe est traître, méfiant, vindicatif, voleur; qu'il possède enfin tous les vices qui résultent de son état mi-civilisé. Sa tête est ardente; la vie solitaire et errante qu'il mène exalte encore ses pensées. Paresseux par l'effet du climat et du peu de] besoins qu'il a, il est violent et impétueux par tempérament; aussi aime-t-il la guerre, parce qu'elle satisfait toutes ses passions. Mais c'est surtout après qu'il a récolté, en août, septembre et octobre, que, débarrassé de toute espèce de soin, et ne sachant que faire, il monte habituellement à cheval, parcourt les Souch espèce de marché, les Aouch (sortes de fermes), s'exalte par le récit de ses hauts faits, et entraîne avec lui les plus turbulents. A cette époque, les tribus se font presque toujours la guerre; il faut croire que plus nous nous rapprocherons de leurs montagnes, plus elles trouveront de motifs pour se livrer à leurs habitudes guerrières. Et qui peut affirmer qu'un jour un Marabout ou un chef influent ne leur fera pas sentir le besoin de l'unité ! *

En créant des corps arabes, nous appelons insensiblement à nous les plus aventureux, ceux que le besoin de guerroyer anime le plus, et les seuls hommes qui peuvent nous guider dans nos marches, et nous donner des renseignements un peu certains sur l'intérieur du pays, et sur les intentions des habitants.

3° Il est impossible que nous occupions encore longtemps la côte d'Afrique d'une manière aussi onéreuse pour la France. Il faut enfin que ce pays nous profite, ou au moins couvre le supplément de dépenses que l'armée et les colons occassionnent. Ce n'est point ici le lieu de poser les principes d'une organisation militaire et politique ; mais il faut avoir une sphère d'action tellement à l'abri des excursions des Arabes, que l'on puisse enfin s'occuper de colonisation.

Cette sphère nous l'avons moralement : elle comprend tout le massif des collines du Sahell, depuis Coléah jusqu'au cap Matifou, dont il faudrait réparer le fort ; et ensuite toute la plaine de la Métidja. Cet espace peut bien comprendre 100 à 120 lieues carrées, et il serait plus que suffisant pour nourrir et l'armée et les colons qui viendraient le fertiliser.

Nous ne serions plus à la merci des Arabes pour acheter la viande qui nous est si nécessaire, et dont ils peuvent nous priver selon leur volonté. Cette colonie pourrait se suffire, au moins momentanément, tandis qu'aujourd'hui si une guerre maritime se déclarait, et si les arrivages de France venaient à manquer en même temps que les Arabes refuseraient d'entretenir nos marchés,

---

* La conduite d'Abd-el-Kader et celle du bey de Constantine justifient aujourd'hui cette prévision.

l'armée et les colons se verraient en fort peu de temps privés des objets de première nécessité.

En assignant à chaque fraction de nos corps arabes une circonscription de terrain à surveiller, nous y aurions immédiatement toute sécurité, et cette terre fertilisée, soit par nous-mêmes, soit par la direction que nous donnerions aux travaux de ceux des Arabes qui voudraient habiter parmi nous, produirait au delà des besoins de ses défenseurs et de ses travailleurs.

4° Enfin, si une guerre générale nécessitait que la France employât toutes ses forces, je crois qu'elle pourrait, dans le cas où elle aurait des corps arabes, disposer de plus de la moitié de ses troupes en Afrique pour les porter sur un point quelconque des côtes mériodionales de l'Europe.

Je prends toujours Alger pour base de mon raisonnement.

L'armée est aujourd'ui bien plus nombreuse qu'il ne faut pour garder non-seulement le pays, mais encore s'étendre jusqu'aux limites que j'ai fixées ci-dessus. Entassée autour d'Alger, elle ne remplit pas le but qu'on doit se proposer. Qu'on se rappelle que les Turcs, avec 10000 hommes, occupaient toute la régence, et l'on devra se demander comment 25000 Français suffisent à peine pour occuper quatre points, et comment à Alger, où le rayon est le plus étendu, il n'est encore que de 3 lieues ? Mettant de côté la partie politique, nous verrons que les Turcs parcouraient sans cesse le pays ; qu'ils avaient à leur service des corps de Zouaves, et que dans chaque tribu ils pouvaient disposer de cavaliers auxiliaires qui, sous le nom de Spahis, étaient obligés, moyennant une solde, de monter à cheval avec eux.

Il faut donc que l'armée française suive la même marche et forme constamment dans chaque circonscription une sorte de colonne mobile, ou bien, si l'on reconnaît que notre caractère et l'influence du climat s'opposent à l'adoption de ce système, comme il est le seul qui puisse réussir, il faut alors employer les naturels de bonne volonté, qui, en le faisant, n'éprouveront aucun changement dans leurs habitudes, et je ne crains pas d'affirmer, parce que je crois l'avoir calculé froidement et avec désintéressement, que 6000 hommes d'infanterie, 2 régiments de cavalerie, 2 batteries d'artillerie, plus l'artillerie de siége et le génie, doivent parfaitement garder tout ce pays depuis la mer jusqu'à la chaine du Petit-Atlas, s'ils avaient pour auxiliaires 6 escadrons et 3 bataillons de Zouaves. Une colonne française composée de 1200 hommes à pied, de 400 chevaux, et de six à huit pièces d'artillerie, dispersera toute réunion d'Arabes, fût-elle de 20000 hommes ; et si notre politique venait à l'appui de cette puissance militaire, en profitant des haines invétérées que les tribus se portent entre elles, jamais les Arabes ne pourraient mettre en campagne plus de 3 à 4000 hommes. Nous avons donc à faire la guerre plutôt à des voleurs de grand chemin qu'à des combattants, et 2 à 3000 Zouaves, soutenus par les camps français, sont plus que suffisants pour garder les 100 lieues carrées dont la possession nous est facile.

Il ne faut pour cela que des troupes employées activement, et si la vie nomade répugne à nos habitudes et à notre caractère ; si l'on craint de détériorer les masses des soldats, de fatiguer des chevaux, qui cependant dans les mains des Arabes étaient infatigables, si l'on veut être militaire pour en prendre à son aise, pour cultiver de jolies maisons de campagne, etc., alors il ne faut plus qu'on s'oppose à la création des corps d'indigènes qui trouveront dans cette manière de servir le même genre de vie qu'ils avaient dans leurs tribus.

L'Angleterre garde l'Inde avec des Indiens: imitons-là!

Cette création aurait encore un autre but: ce serait d'être un puissant moyen pour introduire chez les Arabes quelques principes de civilisation que les Zouaves puiseraient dans leurs relations avec nous.

Les bases de l'organisation des Zouaves doivent être celles-ci:

1° N'y admettre aucun Européen au-dessous du grade de sous-officier;

2° Organiser, équiper, armer, administrer et commander ces corps selon les coutumes des Arabes (*sine quâ non*);

3° Faire une condition aux officiers et sous-officiers de ces corps d'y servir au moins quatre ans, et leur faire prendre le costume, l'armement et l'équipement des Arabes, ainsi que leurs usages;

4° Assigner à ces corps une sorte d'arrondissement et les rendre responsables de l'ordre et de la tranquillité; ainsi, on pourrait placer à Blida deux escadrons et un bataillon avec l'état-major des Zouaves cavalerie; l'état-major des Zouaves infanterie serait à Bir-Kadem avec un bataillon; une compagnie au fort de l'Eau; un escadron à la Rassouta, établissement qui pourrait être facilement disposé pour le recevoir; un escadron au camp des Figuiers ou à la Ferme modèle, lieux qui, quoique malsains pour nous, doivent l'être peu pour les Arabes; cet escadron fournirait un peloton au puits Byr-Touta où stationnerait une ou deux compagnies de Zouaves. Ce poste pourrait camper sous des tentes, et être couvert par un petit ouvrage de campagne; il éclairerait et surveillerait, de concert avec la garnison de Blida, le souch de Bou-Farich, etc., etc.

Il faudrait ajouter à cette force indigène la création de Spahis, espèce de cavaliers auxiliaires que chaque Douar, parcourant la plaine, serait obligé de fournir quand il en serait requis.

Je ne chercherai pas à combattre l'opinion que j'ai entendu professer sur le danger de créer des corps arabes, il suffit de l'énoncer : elle se réfute d'elle-même. On craint que ces corps ne tournent un jour leurs armes contre nous ! Et quand cela serait, que pourraient entreprendre les 2 ou 3000 Arabes contre la division française stationnée à Alger, et dans les camps environnants !

Jusqu'à ce jour ce n'a pas été là le vrai motif : il tient aux jalousies auxquelles ont été en butte des hommes de mérite franchement et consciencieusement dévoués. Justice vient de leur être rendue ; puisse leur dévouement et leur patriotisme ne plus trouver de coupables entraves !

Janvier 1834.

SUR ALGER.

J'arrivai en Afrique l'esprit plein d'enthousiasme ! ma mémoire était meublée de tous les ouvrages publiés sur ce pays. J'avais revu les auteurs romains qui ont écrit sur la Mauritanie et la Numidie. J'avais dénombré les villes qui peuplèrent jadis ces fertiles contrées. Je voyais dans un temps peu éloigné les collines d'Alger se couvrir d'habitations charmantes et offrir au laborieux agriculteur les riches produits des Deux-Mondes. Alger devenait le point de départ d'une civilisation qui allait étendre ses bienfaits sur cette partie du globe si peu connue ; une route s'ouvrirait dirigée vers le cap de Bonne-Espérance ; le désert serait traversé ; Tombouctou, la mystérieuse, serait explorée ; la Nigritie nous laisserait ramasser sa poussière d'or, et c'était à la France, mon beau pays, que de tels succès étaient réservés ! quelle gloire !..... Comment ne pas être heureux et fier de devenir un des agents de ce prodigieux mouvement social !..... Mes belles illusions s'évanouirent en peu de temps, je vis de près les choses et les hommes, et je fus cruellement détrompé.

Je rentrai en France découragé, et si je ne communiquai point mon découragement, c'est que je trouvais souvent en moi une foi, la foi de Galilée, de Colomb, qui me criait d'en appeler à mon jugement plus calme, à mes souvenirs dégagés de toute influence, et de peser dans une balance exacte si les choses manquaient aux hommes ou si les hommes manquaient aux choses. C'est ce que j'ai essayé de faire depuis mon retour. Aujourd'hui je crois devoir publier ces réflexions, bien tardives sans doute; mais j'avais cru ma voix inutile au milieu de toutes celles qui ont parlé sur ce pays, quand des hommes éminents s'étaient emparés de cette question et l'avaient examinée sous milles faces, quand d'autres s'étaient chargés de la résoudre. J'ai l'espoir qu'elles seront peut-être accueillies avec quelqu'attention, parce qu'elles sont présentées de bonne foi, et que je ne suis dirigé par aucun intérêt présent ou passé !

Ce pays me semble d'autant plus mal jugé que l'histoire de mes pensées, lorsque j'étais en Afrique, est généralement l'histoire de tous ceux qui y ont été. Enthousiasme d'abord; découragement ensuite! Mais ce découragement est d'autant plus fâcheux qu'on va le communiquant de proche en proche, et qu'aujourd'hui beaucoup de bons esprits exagèrent la valeur de ce pays; que d'autres repoussent sa colonisation, et déguisent, sous le nom d'occupation fâcheuse, la pensée qu'il faudrait l'abandonner. Ces opinions doivent nécessairement rendre le gouvernement circonspect; cette circonspection est louable, et me semble même toute patriotique, au milieu des contradictions que notre possession d'Afrique a fait naître. L'envoi d'une commission pour juger entre les enthousiastes et les découragés a été une œuvre de sagesse; mais cette commission, dont les travaux portent le cachet d'une haute conscience et d'une grande intelligence, a-t-elle pu examiner complétement la valeur et les difficultés de ce pays? Je ne puis le croire! Ce n'est qu'après avoir étudié le terrain pas à pas; manié les affaires une à une; vu passer les hommes sous ses yeux les uns après les autres, et cela sans responsabilité, sans amour-propre et sans intérêt, qu'on peut porter un jugement aussi certain que possible, et le séjour de la commission en Afrique a été trop court pour qu'elle ait pu s'éclairer par elle-même. Elle a dû consulter beaucoup, et quoiqu'elle ait tout fait pour s'en défendre, l'influence des hommes a pu avoir sur elle encore plus d'empire que l'influence des choses.

Pour bien juger ce pays, il ne faut point le voir avec des yeux européens. Il faut apprécier la terre telle qu'elle est, les hommes qui l'habitent tels qu'ils sont faits, et chercher les moyens les plus propres à en tirer parti. Il faut oublier nos divisions territoriales, notre hiérarchie administrative, notre système gouvernemental, nos habitudes, nos lois pénales et rémunératrices, et appliquer le mode qui pourra être le mieux compris des indigènes, qui protégera le mieux les colons, et qui réunira la simplicité, la force et l'économie.

Ce sont ces pensées qui, depuis mon retour en France, m'ont constamment animé. Je les ai soumises à l'expérience de ce qui s'est fait depuis deux ans en Afrique, et chaque jour, loin de les détruire, est venu les corroborer. Puissé-je jeter quelques lumières sur la grande question, toujours pendante, de la colonisation et de la civilisation de ce pays, et engager les esprits droits à l'examiner ou à la revoir sans prévention et sans intérêt !

Ceci n'est point un livre ! ce sont, je le répète, des réflexions que ma position près d'un général en chef a fait naître dans mon esprit. Elles ne se sont développées qu'après avoir vu la terre, les hommes qui l'habitent ; qu'après avoir, dans mes relations avec eux, sondé leurs mœurs, leur caractère, leurs besoins, leurs intérêts, leurs passions ; enfin aussi, après avoir étudié les conquérants de ce pays, et je ferai connaître mes pensées, autant que cela est possible, en les faisant précéder des observations physiques et morales qui ont conduit mon jugement.

OBSERVATIONS PHYSIQUES.

Du pied des montagnes de Chenoua, à l'ouest, jusqu'au cap Matifou, à l'est, une chaine de collines s'élève le long de la mer. Sa hauteur moyenne est à peu près de 160 mètres. Le mont Bou-Zaria, sur un des contreforts duquel se trouve Alger, a une hauteur de 410 mètres. La largeur de cette chaine, qu'on nomme el Sahell, est de deux lieues vers Coleah ; de cinq lieues d'Alger dans la direction de Blida ; vers le fort de l'Eau elle n'est plus que d'une lieue. Cette contrée, qui comprend environ quarante lieues carrées, peut se diviser en trois parties : de Chenoua au Massafran ; de cette rivière à l'Arrach, et de l'Arrach à l'Hamise. La première partie ne renferme qu'une ville appelée Coleah. Elle est réputée sainte parce qu'elle est habitée par plusieurs marabouts vénérés dans la contrée. Tout y est dans la langueur, quoique les environs paraissent très-riches en vergers, jardins et vignes. Le marché qui s'y tient est peu fréquenté et n'a qu'une faible importance locale. Cette ville se trouve voisine de la tribu insoumise des Hadjoutes. Tout ce terrain est salubre.

C'est du Massafran à l'Arrach que la chaine a la plus grande largeur. Le massif que forme le relèvement des collines, et qu'on désigne sous le nom de massif d'Alger, peut comprendre vingt-six lieues carrées ; il est sillonné par un grand nombre de ruisseaux, et par quelques petites rivières, qui deviennent torrentueux dans la saison des pluies, et qui découpent le sol en vallons ou ravins profonds et resserrés. Ce terrain, surtout dans la partie comprise entre le sud et le sud-est d'Alger, est édifié de beaucoup de maisons de campagne isolées ; les terres qui en dépendent sont entourées de haies de cactus et d'alcès, et sont peu cultivées. En général, par leur nature, et par la disposition du terrain, elles paraissent peu propres à la culture des céréales, mais les plantations en tous genres y réussiraient parfaitement, si l'on en juge par la beauté et la vigueur de celles qui y croissent spontanément. Les herbages y viennent à merveille, et donneraient un produit très-avantageux. Excepté les routes que l'armée a tracées, et qui ne peuvent suffire pour bien éclairer ce terrain, il n'y a que quelques sentiers d'autant plus dangereux à suivre qu'ils se dirigent sans égard aux accidents du sol, et que presque toujours ils se perdent au milieu des maquis sans qu'on puisse retrouver leur trace. Une petite portion de ce massif est insalubre ; c'est celle qui s'étend de l'embouchure de l'Ouad-Bou-Zoua dans l'Ouad-el-Kerma, aux bords de l'Arrach, et delà jusqu'à la mer. Pendant les mois de juin, juillet et août, la fièvre y exerce ses ravages. Elle paraît prendre naissance dans la plaine de la Métidja au puits de Byr-Touta ; elle s'avance vers l'Arrach en suivant le pied des collines sur lesquelles elle s'étend jusqu'au confluent de l'Ouad-Bou-Zoua ; s'approche de Koubba qui se ressent un peu de ses atteintes, marche sur la Maison-Carrée et le fort de l'Eau, et suit, en s'affaiblissant, les bords de la mer jusqu'à Mustapha-Pacha, où elle vient expirer. La zone de terrain sur laquelle elle étend ses ravages peut être estimée à trois ou quatre lieues carrées ; il reste donc vingt-deux lieues carrées sur lesquelles on peut former des établissements permanents.

Une grande portion de ce terrain forme, sous le nom d'el Fas, la banlieue d'Alger. Elle est habitée par une population Maure et Arabe assez nombreuse, gouvernée par un Caïd que nous nommons. On trouve sur ce territoire plusieurs villages un peu considérables habités par des Arabes. Cette population vit paisible sous notre domination ; elle fournit, sous le nom de Spahis, des cavaliers qui font un service de surveillance contre les voleurs. Nous avons donné de vieux fusils à ceux de ces Arabes qui n'avaient point d'armes, et, depuis 1833, la police se fait dans el Fas de la manière la plus utile.

La troisième partie de cette chaîne de collines, qui s'étend depuis l'embouchure de l'Arrach jusqu'à celle de l'Hamise, a une longueur de trois lieues et une largeur moyenne d'une lieue ; elle n'est point cultivée. On y rencontre rarement des tentes ou des cabanes. Elle comprend la Maison-Carrée, établissement militaire ; le fort de l'Eau, autre établissement militaire, et la Rassouta, ancien haras, entouré de quelques prairies, et situé sur les dernières ramifications des collines. Le sol est généralement sec, sablonneux, couvert de broussailles au milieu desquelles on trouve çà et là quelques pacages. Ce terrain est insalubre pendant les mois précités, et c'est lui surtout que la fièvre ravage. Cette insalubrité tient au cours de l'Arrach qui est obstrué par les sables de la mer, et qui forme sur ses bords plutôt des cloaques que des marais ; elle tient aussi au voisinage d'un des marais de

2

la Métidja, qui longe le pied des collines depuis la
Ferme modèle jusqu'auprès de la Rassouta, et enfin
au peu d'élévation de ce sol au-dessus de la plaine ma-
récageuse.

Cette chaîne de collines est limitée à l'ouest par la
montagne de Chenoua ; au sud-ouest et au sud par la
plaine de la Métidja, qui la limite encore vers l'est.
Notre influence n'est point assise sur la partie qui s'é-
tend de Chenoua à la rivière Massafran. La ville de
Coleah ne nous est point hostile, mais nous ne nommons point son hakem (chef civil), et nous ne pouvons rien en exiger.

Tout le territoire compris entre le Massafran et l'Hamise est bien réellement et bien complétement à nous.
Un cordon militaire formé par cinq camps, deux forts,
douze redoutes avec blockhaus, occupés par nos troupes, assurent notre domination sur tout ce terrain, et
nous donne des points sûrs pour le défendre contre
des ennemis extérieurs. Des routes faites par nos soldats partent d'Alger et se dirigent sur les principaux
points ; un chemin très-bon, dit chemin de ceinture,
forme une liaison continue entr'eux. On peut le parcourir sans crainte et sans obstacle *. Sur ce terrain
il y a beaucoup à réparer, mais il n'y a presque plus
rien à créer ; de nombreuses maisons de campagne
existent ; les indigènes vivent au milieu de notre mouvement social et le supportent avec tranquillité ; les
terres qui dépendent des haouchs (sortes de fermes)
ou des dascars (espèces de hameaux arabes) sont cultivées autant que le peu de besoins et d'industrie le

---

* Il en était ainsi en 1833 et 1834. Aujourd'hui les Arabes viennent,
dit-on, brigander jusqu'auprès d'Alger.

permet à ce peuple. Ce sol n'attend donc plus qu'une intelligence pour le féconder ! La partie située entre l'Arrach et l'Hamise est moins susceptible de culture que le Fas d'Alger, mais elle paraît très-propre aux plantations forestières qui y réussiraient certainement, car elle est couverte de broussailles d'un jet vigoureux.

Au delà du cordon militaire, les dernières ramifications des collines vont se perdre dans la plaine de la Métidja. Ces coteaux sont habités par les petites tribus de Zouaouda, Douëra, Maëlema, Essaëdia, de Kakena, Ouled-Mendil, Karaïsa, etc., qui sont peu considérables. Ces Arabes se livrent à la culture des terres, et ils contribuent avec ceux du Fas d'Alger à approvisionner le marché de cette ville. Quoique placées à environ une lieue en avant de nos avant-postes, tels qu'ils étaient établis en 1854, ces tribus nous étaient soumises ; elles fournissaient des spahis pour faire la police sur leur terrain, et montaient à cheval quand nous l'ordonnions. On peut évaluer à 1000 familles la réunion de toutes ces petites tribus.

On jouit sur le massif d'Alger d'une température égale qui en rend le séjour sain et agréable. La température moyenne de l'été est de 26 degrés ; celle de l'hiver de 16 degrés au-dessus de zéro comptés au thermomètre centigrade. Dans les mois de juillet et août, on compte dans les appartements à Alger, $27^{o} \, {}^{5}/_{8}$ centigrades (25° Réaumur), et la nuit 24° centigrades (20° Réaumur). Dans les mêmes mois, à l'air et à l'ombre, le thermomètre monte généralement à 30° centigrades et à $35'$, 36° au soleil. A Koubba, sur le sol et au soleil, il est monté à 42 degrés. Pendant l'hiver, du 15 novembre au 15 février, il descend quelquefois, mais rarement, à six degrés ; habituellement il varie de dix à treize degrés. Dans cette saison, jamais il ne gèle ; la gelée blanche est presque inconnue, et il tombe très-rarement de la neige qui fond aussitôt.

. C'est vers le 15 juin que les fortes chaleurs commencent à se faire sentir. A cette époque, la verdure disparaît, les herbages jaunissent et se calcinent ; mais la végétation n'est pas arrêtée, parce que la terre reçoit les abondantes rosées de la nuit, et que le fond du sol conserve toujours une certaine humidité. Dans les vallons exposés au sud, l'air est suffocant ; mais au milieu de la campagne il est rafraîchi par la brise de mer qui se lève chaque jour vers dix heures du matin, et qui se fait sentir sur tout le Sahell, ce qui en rend le parcours très-supportable, même à midi. C'est le matin, de huit à neuf heures, que la chaleur est la plus lourde ; alors l'air est calme, et le soleil pèse sur cette terre de toute la masse de ses rayons brûlants. Ce moment est de trop courte durée pour fatiguer beaucoup.

La Métidja sépare les collines du Sahell des montagnes du Petit-Atlas. Cette plaine, qui s'étend comme une longue vallée de l'ouest à l'est, a une largeur moyenne de quatre à cinq lieues sur une longueur de seize lieues prise des montagnes de Beni-Menacer et de Chenoua jusqu'au cap Matifou. De là, cette plaine se prolonge vers l'est jusqu'aux montagnes de Benitor, Beni-Sleiem, Beni-Ouaganoun, Beni-Sennad, Flissa-sur-Mer, Flissa et Ouad-Amraoua, qui forment les limites de Yesser, dernières terres de la Métidja dans la direction de l'est. On peut estimer à environ dix lieues ce prolongement de la Métidja au delà du cap Matifou.

La plaine de la Métidja est enclavée entre les montagnes de Beni-Menacer et de Chenoua à l'ouest, la chaîne du Petit-Atlas au sud, les collines du Sahell au nord; elle n'est ouverte que vers l'est. Sa pente générale est du sud au nord. Elle est traversée par plusieurs rivières venant de l'Atlas et par un grand nombre de ruisseaux. Parmi les rivières, les plus remarquables sont: A l'est, l'Hamise, rivière peu considérable, mais qui ne tarit jamais. Ses berges ont une élévation qui varie depuis huit jusqu'à quinze mètres; on y trouve beaucoup de gués. Il n'y a point de marais sur ses bords.

L'Arrach, au sud d'Alger ; cette rivière traverse la Métidja dans la direction du sud au nord jusqu'au pied des collines du Sahell, au-dessous de la Ferme modèle. Là, elle reçoit l'Ouad-el-Kerma, tourne au nord-est, suit le pied des collines qu'elle traverse auprès de Ouled-Adda, en passant par une coupure, et va se jeter dans la mer. Cette rivière, qui coule entre deux berges escarpées, fournit une quantité d'eau assez considérable; elle traverse un terrain marécageux un peu avant sa jonction avec l'Ouad-el-Kerma. Ce terrain cesse de l'être depuis le chemin de Constantine jusqu'à Ouled-Adda, et elle forme ensuite une sorte de marais à son embouchure dans la mer, où les sables empêchent l'écoulement de ses eaux.

La Chiffa, au sud-ouest d'Alger : cette rivière, dont la largeur a environ vingt mètres, coule à travers un lit de trois à quatre cents mètres, ses berges sont fort élevées; elle ne tarit jamais quoique fournissant peu d'eau. Entre la route d'Oran qui la traverse et son confluent avec l'Ouad-Jer, elle passe dans un marais sur une longueur de 1000 à 1200 mètres.

Enfin l'Ouad-Jer, nommé aussi Afroun, qui coule dans un large ravin très-profond. Ce cours d'eau ne tarit jamais; il forme avec la Chiffa la rivière Mazafran qui coule vers le nord-est dans un lit de vingt-cinq mètres de largeur, peu profond, et dont les berges sont fort élevées. Le Mazafran longe un marais qui se trouve sur sa rive droite, et, après avoir pris une direction vers le nord, il se rend à la mer en traversant une vallée profonde du Sahell.

Parmi les nombreux ruisseaux qui alimentent ces rivières, le principal est l'Ouad-bou-Farich, qui sort de l'Atlas, traverse la Métidja dans une direction nord-est, et qui se jette dans le Mazafran au point où cette rivière entre dans les collines du Sahell. Depuis le souch (marché) de Bou-Farich, ce ruisseau coule à travers un marais considérable jusqu'à son embouchure sur une étendue de deux lieues et demie : l'eau n'en est plus potable.

Les cours d'eau de la Métidja, excepté quelques petits ruisseaux, ne forment pas les marais que l'on rencontre dans cette plaine, et qui sont tous situés vers le pied des collines du Sahell. Ces marais semblent avoir pour cause l'infiltration du sol par suite des grandes pluies qui tombent pendant les mois de novembre, décembre et janvier, sur un terrain resté sans culture depuis longtemps. Cette quantité d'eau est évaluée à 0,76 cent. (27 po.), tandis qu'à Paris, dans toute l'année, il n'en tombe que 0,53 cent. (19 po.). Quoique cette plaine n'offre point à l'œil de pente sensible, en observant la direction des cours, on rencontre une ligne de partage des eaux qui part des montagnes de Beni-Meicera et se dirige, en serpentant légèrement, vers le puits de Byr-Touta, au pied des collines du Sahell, en passant à l'ouest et près de la ferme du Bey d'Oran. Les eaux qui coulent à l'est de cette ligne appartiennent au bassin de l'Arrach, celles qui coulent à l'ouest se rendent au Mazafran par le gros ruisseau de Bou-Farich.

Les marais de la Métidja s'étendent à l'est et à l'ouest de cette ligne de partage. A l'ouest on ne doit en considérer qu'un seul. Il commence à Sidi-Aël, suit sur une largeur totale de 3 à 400 mètres les bords d'un ruisseau affluent de celui de Bou-Farich, se prolonge ensuite jusqu'à l'embouchure du Bou-Farich dans le Mazafran, sur une largeur moyenne de 500 mètres sur la rive droite de ce ruisseau, et de 2000 mètres sur la gauche. Du point de jonction de ces cours d'eau, dans une direction sud, ce marais a une largeur de 4 à 5000 mètres; il s'étend ensuite en diminuant de largeur, du Bou-Farich à la Chiffa, en longeant la rive droite du Mazafran à une distance moyenne de 1200 mètres. Après que la Chiffa l'a traversé, ce marais va se terminer entre cette rivière et un affluent de l'Ouad-Jer, au delà du Dascar de Byrrath. Sa longueur depuis l'Ouad-Bou-Farich est environ de cinq lieues. Il ne paraît point y avoir d'habitations sur les bords de ce marais entre l'Ouad-Bou-Farich et la Chiffa.

A l'est de la ligne de partage des eaux, on peut considérer trois marais. Le premier s'étend depuis Byr-Touta jusqu'à l'Ouad-el-Kerma sur une longueur de 5000 mètres et une largeur constante de 5 à 600 mètres; il suit le pied des collines, laissant à sa droite des prairies spongieuses, qui sont cependant parcourues par les bestiaux, et la rivière Arrach qui coule au milieu d'elles.

Le second est compris entre le ruisseau la Huissel

et la petite rivière Ouad-Smar. Ce grand marais a des solutions de continuité. Il comprend des parties couvertes d'eau, des pâturages marécageux, et des parties de terre ferme. Sa moyenne largeur entre les deux cours d'eau qui le limitent est de 7000 mètres ; sa longueur, depuis Haouch-Schrahaba jusqu'au pied de l'éminence qui sépare les embouchures de la Huissel et de l'Ouad-Smar, dans l'Arrach, est de 4500 mètres. On peut estimer que la moitié de ce marais est en terrain ferme, les deux sixièmes en prairies marécageuses, et l'autre sixième couvert d'eau. Il est traversé par la route de Constantine toujours praticable, et sillonné par un grand nombre de sentiers que les Arabes parcourent à cheval. Ce marais renferme quinze à seize haouchs habités par les Arabes C'est ce marais qui rend insalubre les dernières ramifications des collines au sud-est d'Alger. La pente de la Huissel est de 25 mètres jusqu'à son embouchure dans l'Arrach sur une longueur de 7000 mètres. La pente de l'Ouad-Smar est de neuf mètres sur 6000 mètres, embouchure dans l'Arrach. Toutes ces évaluations sont approximatives.

Le troisième marais s'étend depuis la rive droite de l'Ouad-Smar, à la hauteur d'Haouch-Bacha, jusqu'à l'étang qui se trouve au pied du mamelon de la Rassouta. Sa largeur moyenne peut être de 700 mètres ; sa plus grande largeur de 900 mètres sur une longueur de 5400 mètres ; son fond est très-vaseux. On peut estimer la profondeur de la vase à 70 centimètres. Ce marais suit le pied des collines de la Maison-Carrée : on ne rencontre point d'haouch sur ses bords. Sa pente, qui se dirige vers l'étang de la Rassouta, n'est que de 5 mètres sur 5400 mètres de longueur.

En général, ces trois marais peuvent occuper, depuis

la Ferme modèle jusqu'à la Rassouta, une étendue de trois quarts de lieue carrée en été, et dans la saison des pluies quatre à cinq lieues carrées. Tous les marais de la Métidja, qui comptent au moins quatre-vingts lieues carrées ne doivent pas occuper plus de quinze lieues carrées pendant la saison des pluies ; et cette étendue se réduit à quatre à cinq lieues carrées pendant les chaleurs.

On ne connait généralement pas la profondeur des marais, cependant elle ne parait point être au-dessous du niveau des rivières. En général il y a dix-huit à vingt centimètres de vase ; mais dans les marais de la Ferme modèle et de la Rassouta, il y en a jusqu'à soixante et soixante-dix centimètres ; c'est ce qui rend cette contrée malsaine pendant les chaleurs.

On ne trouve plus de marais dans la partie de la plaine qui s'étend vers l'Atlas, au moins dans les directions que j'ai parcourues entre l'Hamise et l'Arrach jusqu'au pied des montagnes. On trouve bien quelques dépressions de terrain, quelques prairies humides ; mais en très-petit nombre et sur une petite étendue : on ne peut y avoir égard.

La Métidja renferme une ville et cinq tribus : les Hadjoutes à l'extrémité ouest de la plaine ; la ville de Belida, les tribus de Beni-Krelil, Beni-Moussa au sud, la tribu de el Krachna au sud-est, la tribu de Ysser à l'est.

Ysser est situé à neuf heures d'Alger. Le territoire de cette tribu est très-fertile et sain, quoiqu'une partie renferme des marais : cette partie se nomme el Marja-Meta-Yesser.

Le territoire d'Ysser renferme un grand nombre de fermes et de hameaux distants les uns des autres d'environ trois quarts d'heure.

Voici les noms des principales fermes :

Ben Omar.

Ben Taïeb.

El Hectoli.

Ezdarka.

Ouled Besada.

Menouar.

El Chetaïta.

Ouled Ali.

Sleman ben Teztaz.

El Abid.

Ben Saba.

Oulad Amer.

Bach-Assas.

Ben el Kati.

El Medadeha.

Aïn el Merabra.

Lekkata.

Ben Mebarak.

Oulàd-Zeit.

Ezafa.

Ben Aros.

Ouad el Merja ali ben
  Kerel dind.

Ben Kétélich.

Ben Hamza el Kios.

Ben Talgua el Kios.

El Mektar.

Ouled Bakti.

Ouled Moussa.

El hag Mchemed.

Beni Ketir.

Ben Akda.

Ben Malzouz fi el Colea.

El Tarfa.

El Menaïël.

Beda.

Ben Ehalal.

Ben Abid.

Ben el Abbas.

El Guïcha.

El Arbi.

Touarzia.

Bechala.

Ouled Babeh.

Et Zéatira.

Bou Sara.

Cara Ahmed.

Ben el Sekri.

La population de cette tribu peut être évaluée à 2800 familles. Elle est située au pied des montagnes de Tor, de Beni Sleiem, etc., etc., qui renferment un grand nombre de tribus très-peuplées. Cette tribu n'a point de relations avec nous.

La tribu el Krachna occupe une partie de la plaine au sud-est d'Alger, et elle s'étend très-loin sur les versants des montagnes du Petit-Atlas. Son territoire est fertile et sain, à l'exception de toute la partie qui avoisine la rivière Hamise depuis Aouch el Bey jusqu'aux coteaux de Sahell et jusqu'à l'embouchure de la rivière dans la mer. Sa population est environ de 2500 familles ; elle est de race arabe dans la plaine et kabyle dans la montagne. Cette tribu fait avec nous un commerce qui l'enrichit ; elle tient un marché le jeudi au Souch-el-Hamise, au pied de l'Atlas, sur la rive gauche de la rivière ; il est très-fréquenté par les tribus voisines. La tribu de Krachna ne nous est point hostile ; elle avait commencé à fournir des cavaliers spahis pour la police de la plaine. Nous nommons son Caïd, et il s'était engagé, à la fin de l'année 1833, à faire travailler au desséchement des marais de son territoire, sous notre direction.

Les principales fermes sont :

Hadaoua.	Ben Zergua.	Bey el Charguy.
Ben Nasif.	Doucibia.	Ben Ouel.
Ben Dannou.	Ouled Brahim.	Ben Ouadeh.
Ouchach.	Ouled ben Noua.	El Mezaréa.
Ben Gaiba.	El Moucleha.	El Corso.
Dra el Dahr.	Ben Dely-Bey.	Ben Mered.
El Jenedi.	Allal ben Dahman.	El Mardaji.
El Hadi.	Hammadi.	El Jelali ben el dib.
Dehaménia.	Badr el Din.	Chebach.
Ouled el Daji.	Ben Jemia.	Ouled Jkin.
Ben Ajal.	El Hejira.	Rassouta.
El Méréja.	Omar.	Ben Aklal.
Hajji.	El Kadra.	Bakalem.
Senéidia.	El Méracheda.	Ouled Dead.
Sanaat.	Ben Ourem.	Bou Douaou.

Ben Turkia.	Ali ben Ali.	Haj ben Kadour.
Moussa ben Daoud.	Ben el Joar.	Ben Salem.
Ben abd el Tif.	Fezzale.	Ouled Aioub.
El abid.	Ouled Hanach.	Ben Hachouch.

La tribu de Beni-Moussa est située entre le sud et le sud-est d'Alger ; elle occupe la portion de la plaine de la Métidja, ainsi que le versant septentrional du Petit-Atlas, qui se trouvent dans cette direction. Sa population est environ de 1200 familles de race arabe dans la plaine et kabile dans la montagne. Le territoire de cette tribu est fertile et sain. Indépendamment du commerce que cette tribu fait avec nous, elle tient le mercredi un marché, dit de l'Arba, situé au pied des montagnes entre l'Hamise et l'Arrach. Cette tribu est en bonne intelligence avec nous ; elle nous reconnaît le droit de nommer son Caïd ; elle commence aussi à organiser des spahis pour la police de la plaine. Son Caïd, comme celui de Krachnah, s'était engagé à faire travailler au desséchement des marais, et à suivre notre direction pour la culture des terres et pour faire des plantations. Nous trouverons pour cet objet plus de difficultés à vaincre chez les Beni-Moussa que chez les Krachnah.

Le territoire des Beni-Moussa renferme un grand nombre de dascars et de haouchs. Voici les noms des principaux :

El Kaied Ahmed el Fokani.	Ouled Ahmed.
Natif Kodja.	El Aouadi.
Caied Ahmed Focani.	Ben Aouadeh.
El Aga.	Marboun.
Ben Zouaoui.	Smaïl.
El Ajy.	El Captan.

Ben Noar.

Ben Chetab.

Zaouiet el Mérabtin.

El Codja.

Merckachi.

Em el Jaji.

Ouled Adda.

Ben Achet.

Caied Ahmed Tchleni.

El Mijaji.

Ben Rhama.

Baba Ali.

El Loz.

Abekdad.

Ouled Ali.

Haj Ali.

Bou Rennan.

Ben Merad.

Aïn el Secouné.

Nasif Coja sflani.

Hemida.

Remelli.

Hisous.

Ben Aman.

Ben Deli Ali.

Ben Semoir alla.

El Chaouch.

Otman.

El Atamnia.

Ben Semman.

El Mefti.

Kidar.

Ben el Tarcha.

Ouled Zégaier*.

Ben Zarfa.

El Bouaïn.

Scharaba.

Mesemman.

Ben Arabi.

Ouled Seleman.

Bou Roba.

El Cateb.

El Hébouo.

Brahim ben el Turki.

Ben Massoud.

Marboni.

Ouled el Kesaiar.

Zaouiet ben Slama.

Boulit.

Bou Cadoura.

Ben Kasem.

El Fonaca.

Ben Jsef.

El Jelil.

Saouara.

Ben Zarroc.

Memmoch.

Caied Cassem.

Arabaji.

Kellab.

* On y fabrique des armes.

La tribu de Beni-Krelil occupe le centre de la plaine ; elle s'étend jusqu'au pied des montagnes de Beni-Meicera, Beni-Sala et une partie de celles de Soumata. Elle comprend plusieurs petites tribus de peu d'importance. Sa population générale peut être estimée à 2000 familles. Son territoire est tellement entrecoupé par le grand marais qui commence au delà de Bou-Farich, et par un grand nombre de ruisseaux, qu'il faut un guide pour le parcourir. En général ce territoire est malsain. Il s'y tient le lundi un marché considérable, dit marché de Bou-Farich, qui est fréquenté par les tribus des montagnes du sud-ouest. Il est souvent troublé par elles, et surtout par la tribu de Hadjout, qui occupe l'ouest de la plaine. Le Caïd de Beni-Krelil que nous nommons, prend le titre de Caïd de Bou-Farich ; il préside au marché et y fait la police. Cette tribu avait déjà organisé une quarantaine de cavaliers spahis qui ont rendu des services en 1833. Ce marché est encore d'autant plus important qu'il se trouve le point de réunion des chemins qui conduisent à Belida, Médéya, Miliana et Oran ; mais l'insalubrité de ce point est trop bien reconnue pour qu'on puisse y faire des établissements permanents avant qu'on ait desséché le marais qui s'étend au delà de la Chiffa, et jusque vers le Mazafran.

Les fermes que ce territoire renferme, sont :

Zaouietsi ali Mebarak.	Ouled Issa.
Bou darider.	Keddam.
Som alli.	El Remeli (marécag.)
Bou Kandoura (maréc.).	Ben Hemdani (marécag.)
El Kesab (marécag.).	Elgueraba.
Guerouaou.	Beni Tama.

El Biskeri.

El Mabdo.

Ben Charif.

Bou Yagueb (marécag.)

Ben Krelil (marécag.).

Bou Amrous.

El Captan.

Abd el Aziz.

Ouled Chebel.

Zaouiet sidi Aied.

Zaouiet majbar (maréc.)

Charfa.

Ouled Eich.

Ben Hedrok.

El Kourougli.

Boyer.

Erid.

Bou Koula (marécag.)

Bâti.

Mehrad.

Cara Ahmed.

El Caous.

Omar.

El Chaouch (marécag.)

El Toudj (marécag.)

Hélouia.

El Bey.

La ville de Belida est située à l'extrémité du territoire de Beni-Krelil, au pied des montagnes de l'Atlas,
occupées par les Beni-Sala. Cette ville peut avoir une
population de 8 à 900 familles, composée de Maures,
de Kolouglis, de Juifs et de Nègres libres. Les Maures
forment à peine la moitié de cette population. Belida,
située à dix heures de marche d'Alger, sur les bords
du ruisseau Sidi el Kebir, est riche par ses jardins et
ses nombreuses plantations d'orangers et de citron-
niers. Comme toutes les habitations en Afrique, celles
de Belida sont construites en pisé; les rues sont assez
larges et en ligne droite. La ville est entourée d'un
mur de trois mètres de hauteur; on y pénètre par
quatre portes qui font face aux quatre points cardi-
naux. On trouve dans la ville trois mosquées; elle ne
renferme point d'autres établissements publics. Cette
ville reconnaît notre autorité; nous nommons son ha-
kim (gouverneur) qui s'était engagé à payer annuel-

lement 2000 francs, partie de la contribution que les Turcs levaient sur les habitants de cette ville. Les tribus des montagnes voisines font souvent des excursions contre cette ville pour la rançonner; elle est donc sous l'influence des tribus qui l'environnent, et c'est ce qui explique la conduite peu franche des habitants envers nous. Il se tient à Belida un marché le vendredi, dit Djemma : il est très-fréquenté.

Les environs de Belida sont fertiles et bien cultivés; on y trouve les céréales, la pomme de terre, le lin, la vigne, et surtout de magnifiques orangers. Les champs sont entourés de haies d'oliviers sauvages très-beaux qui forment aussi quelquefois de petits bouquets de bois. La salubrité de Belida est proverbiale; les Turcs y allaient pour se rétablir de longues maladies comme nous allons à Hyères et à Montpellier. Rien n'est plus beau, plus agréable et plus riche à voir que les environs de Belida; c'est une des plus belles positions que l'on puisse rencontrer. La vue embrasse, à l'ouest et à l'est, la chaîne de l'Atlas dont les flancs sont parsemés d'arbres et de cultures; à vos pieds se développe la vaste plaine de la Métidja, avec ses bouquets de bois de jasmin, de laurier rose, terminée au nord par les jolis coteaux du Sahell sur lesquels s'élèvent les minarets et les maisons blanches de Colea. Et quand l'œil vient se reposer ensuite sur les environs de la ville, il est réjoui par les délicieux jardins d'orangers qui l'entourent, au milieu desquels serpentent les eaux vives et limpides qui les arrosent. C'est un coup d'œil plein de fraîcheur, de grâce et de grandeur!

La tribu de Hadjout occupe à l'ouest le commencement de la Métidja. Son territoire est très-fertile : il est sain à l'ouest de l'Ouad-Jerr. On y rencontre un grand étang nommé Helouis, qui peut porter bateau. La population de cette tribu en y comprenant celle de quelques petites tribus qui habitent entre la Chiffa et l'Ouad-Jerr, peut être évaluée à deux mille familles. Les Hadjouts sont les plus insoumis des Arabes de la plaine; ils se livrent souvent à des spoliations contre les indigènes qui fréquentent le marché d'Alger. Ils doivent leur caractère turbulent à leur position à l'extrémité de la plaine, au voisinage des tribus de la montagne qui les soutiennent, et au milieu desquelles ils peuvent facilement se réfugier quand nous les attaquons; et aussi aux difficultés de leur territoire marécageux. Cependant des négociations avaient été entamées avec eux; nous avons été sur le point de nommer leur Caïd, et je crois, malgré les apparences, qu'il sera facile de les amener à reconnaître notre domination. Ils comptent au plus cinq cents combattants, ou pour mieux dire cinq cents voleurs de grand chemin. Les Hadjouts tiennent un grand marché le samedi, dit el Sebt, et un petit marché le mercredi, dit de l'Arba; il s'y fait beaucoup d'affaires.

Les fermes que l'on rencontre sur le territoire des Hadjouts sont plus grandes que celles des autres tribus, mais elles sont en moins grand nombre. On y trouve :

Ouled el Aga.	El Ousif.
Sidi Zit.	Memoul Hadjout.
Ouled Seid.	Ben Sahnoun.
Kaddouja.	Ouled Guerit.
El Aga.	El Cheiba.
El hady ben Rebba.	Hadjout.
Ouled el Taki.	Hadj-bou-elam.

3

Caïd Sebt.	Hadj-el-Arbi,
Ben el Chaouch.	Hajel Arbi,
Courougli.	El Sebeihi.
Couïder.	Maknoussa,
Mahmoud ben Jssa.	El Cadi.
El Houm.	

La plaine de la Métidja n'est cultivée par les Arabes que pour leurs besoins; une grande partie est laissée en pacages pour les nombreux troupeaux qui la parcourent. En général la partie située au pied de l'Atlas est celle sur laquelle se trouvent les Haouchs; la partie voisine des collines du Sahell en renferme peu à cause de son insalubrité, mais on y rencontre des tentes qui permettent aux Arabes de changer de lieu. Pour donner un aperçu aussi juste que possible, de la culture de la plaine, je vais transcrire une reconnaissance que j'ai faite dans ce but en mai 1833.

« .... J'ai traversé cette rivière (l'Hamise) au
» gué de l'abreuvoir (Saniez) et je me suis dirigé sur
» le tertre où se trouvent nos vedettes avancées. Pen-
» dant dix minutes, à raison de quatre-vingt-quinze
» mètres par minute, pas de mon cheval, le terrain
» est couvert à droite et à gauche de beaux blés et
» d'orges. Du pied de ce tertre, je me suis dirigé au
» sud-est dans la plaine, en parcourant de vastes pa-
» cages dont les herbes courtes, parce qu'elles sont
» constamment pâturées, sont de très-bonne qualité,
» mais ne peuvent être fauchées. A mille mètres de
» la rive droite de l'Hamise, j'ai trouvé à gauche de
» ma direction de très-beaux blés, semés par petites
» pièces, séparées par le même genre de prairies que
» celui que je viens de signaler. A quatre cents mètres

» plus loin, et en appuyant un peu sur la droite de la
» ligne sud-est, les pacages deviennent très-mauvais.
» Les artichauts sauvages, les chardons et des plantes
» qui se neutralisent couvrent un espace considérable
» de terrain, qui m'avait paru de loin une fort belle
» prairie de sainfoin à cause des fleurs que portent
» ces plantes. Au delà de ce terrain, de beaux blés
» et des orges magnifiques s'élèvent à droite et à gau-
» che, à des intervalles assez rapprochés, et sur des
» espaces de huit à neuf cents mètres carrés. Ce
» genre de culture cesse et l'on trouve ensuite un
» bon terrain de prairie; mais elle est maigre, quoi-
» que composée de bonnes plantes, parce que de nom-
» breux et beaux troupeaux la parcourent en tous
» sens. Le blé et l'orge reparaissent ensuite par in-
» tervalles. A trois mille mètres de la rive droite de
» l'Hamise, l'on trouve une ligne de douars au nom-
» bre de six à sept, et composés chacun de huit à
» dix tentes. Chaque douar possède de beaux trou-
» peaux de bœufs, vaches et moutons; le plus petit
» troupeau de bœufs pouvait avoir soixante-dix à quatre-
» vingts têtes; les moutons étaient de cent cinquante
» à deux cents têtes. Je me suis arrêté à deux cents
» mètres de cette ligne pour ne point inquiéter les
» Arabes. De là, je suis revenu, en appuyant à droite,
» vers la rivière, et j'ai traversé pendant quarante
» minutes un terrain de même nature que celui que
» je viens de signaler : ce sont toujours de beaux blés,
» de l'orge, de bons pacages, mais point de prairies
» fauchables.

» Un peu avant d'atteindre la rive droite de l'Ha-
» mise, en face d'Aouch el Bey, et à cent mètres du
» gué que l'on traverse pour se rendre à cette ferme,

» on rencontre une belle prairie, mais d'une étendue
» peu considérable. D'ailleurs, enclavée dans les
» pièces de blé et d'orge, située près d'un douar com-
» posé de cinq tentes, elle paraît être une propriété
» particulière, et son produit irait au maximum à
» huit à dix voitures portant chacune un millier de
» livres.

» Après avoir traversé l'Hamise devant Aouch el Bey,
» et regagné ainsi la rive gauche, j'ai remonté la ri-
» vière jusqu'à ce que je sois arrivé à l'entrée de la
» partie de la plaine où se trouve un grand nombre
» d'aouchs et de dascars très-rapprochés, et entourés
» chacun de haies de cactus très-épaisses, qui ne ren-
» dent point ce terrain sûr pour un petit nombre
» d'hommes. La distance parcourue depuis Aouch el
» Bey, en remontant la rivière, peut être évaluée à
» deux mille cinq cents mètres, et sur chacun des
» bords de la rivière de beaux blés s'élèvent et vont
» se perdre au loin dans la plaine, surtout sur la rive
» droite. Sur la gauche, après des champs de trois à
» quatre cents mètres carrés de blé, on retrouve des
» pacages qui vont se perdre au loin dans les ma-
» rais.

» Ainsi, dans ma reconnaissance, j'ai d'abord par-
» couru un grand arc de cercle, dont l'Hamise était
» la corde, et dont la flèche, dans son maximum, a
» été de trois mille mètres. Cette reconnaissance a été
» faite en trois heures et demie comptées du camp au
» point où nous avons traversé la rivière pour suivre
» sa rive gauche. La seconde partie a été parcourue
» en une demi-heure, et en suivant une ligne droite
» parallèle à la rivière.

» En résumé, beaucoup de beaux blés et d'orges

» magnifiques, de bons et vastes pacages, telles sont
» les productions de l'espace parcouru. Point de prai-
» ries fauchables, non à cause de la nature du ter-
» rain, mais parce que toute l'année il est couvert
» de bestiaux nombreux qui le foulent et empêchent
» le développement des plantes. Ces plantes sont en
» général d'une excellente qualité ; et dans toute la
» partie parcourue, il y a à peine un sixième de mau-
» vais pacages qui ne demandent qu'un peu de soin
» pour s'améliorer. »

Cet exemple peut, à peu de choses près, s'appliquer à toute la partie de la plaine qui forme vers l'Atlas
une zone d'environ trois lieues de largeur. L'autre partie, qui se rapproche des collines du Sahell, est couverte de marais, de prairies marécageuses ; on y rencontre rarement quelques petites pièce d'orges et plus
rarement encore du blé. Nous avons vu qu'elle renfermait cependant quelques haouchs, et elle est encore
parcourue par des arabes de Krachnah et de Béni-
Moussa qui viennent y dresser leurs tentes et y font
pâturer leurs bestiaux.

Il est bien difficile d'estimer la fertilité réelle de cette
plaine ; mais on doit juger par induction qu'elle serait
très-grande si l'intelligence européenne la fécondait.
Cette terre produit sans engrais, et le rapport des céréales est, terme moyen, de douze pour un. Les Arabes
sèment en décembre ou janvier, et ils récoltent en
juin. La culture est triennale : la première année donne
du froment, la seconde de l'orge, et la troisième des
légumes. La terre ne se repose jamais.

La température de la plaine est plus élevée que celle
du massif d'Alger. Enclavée comme elle l'est au sud,
à l'ouest et au nord par les montagnes de l'Atlas et

les collines du Sahell, elle n'est ouverte qu'à l'est-nord-est et ressent peu l'effet de la brise de mer. En général, la moyenne d'élévation de température au-dessus de la température d'Alger est de deux degrés centrigrades (1° 3/5 Réaumur). Cependant, sur le sol, et selon certaines conditions d'exposition, elle s'élève beaucoup plus haut. Ainsi, dans la Métidja alors que le thermomètre avait marqué quarante-deux degrés dans un vallon près de Koubba, il marquait dans un petit vallon au-dessous de la Ferme modèle, sur le sol et au soleil, cinquante et un degrés centigrades. Dans la dernière quinzaine de mai, sous la tente, il montait à trente-trois degrés 3/5 centigrades (28° Réaumur) : à l'air libre et à l'ombre, il ne marquait que vingt-neuf degrés centigrades (24° 4/5 Réaumur).

Cette plaine est en tout temps couverte d'un brouillard qui ne se dissipe entièrement que deux heures après le lever du soleil. Ce brouillard s'élève alors jusqu'aux deux tiers de la hauteur du Petit-Atlas, contre lequel il vient se plaquer comme un long ruban. Le soir, ce ruban s'étend en largeur et vient couvrir toute la plaine jusqu'au lendemain matin. Ce brouillard règne constamment sur cette plaine parce qu'elle est peu balayée par les vents, et cependant il ne parait pas être une cause directe d'insalubrité, car, dans le mois de mai 1833, nous campâmes pendant dix-sept jours, au nombre de deux mille hommes, dans la Métidja, sur les bords de la rivière Hamise, et nous n'eûmes pas de maladies que l'on pût attribuer à la localité. Ceux d'entre nous qui restèrent au fort de l'Eau pendant la première quinzaine de juin, furent atteints de la fièvre, et cette circonstance, ainsi que quelques autres, peuvent conduire à penser que la fièvre est particulière à telle localité, et qu'elle suivait la marche que j'ai tracée. J'ai de plus la conviction que la fièvre ne s'étend pas sur toute la plaine et qu'elle occupe seulement une zone d'une lieue de largeur au plus, comptée du pied des collines du Sahell.

La chaîne du Petit-Atlas limite au sud la plaine de la Métidja. Elle paraît avoir plusieurs crêtes : la première a une hauteur moyenne de mille mètres, et l'on peut compter une distance moyenne de neuf mille cinq cents mètres du pied de la chaîne jusqu'à la ligne de la première crête. Cette distance est de sept mille huit cents à Belida, de quatorze mille mètres sur le territoire des Beni-Moussa et de treize mille sur celui de Krachmach ; elle n'est plus que de cinq mille cinq cents sur celui des Soumata à l'ouest.

Cette portion de la chaîne s'élève assez brusquement ; cependant elle est coupée par plusieurs vallées qui, d'après les rapports des Arabes, sont très-fertiles et bien cultivées, et dont les principales sont celles de l'Ouad-Jema, de l'Hamise et de l'Arrach. Dans une reconnaissance qui nous conduisit à el Gadra, au pied des montagnes et à l'entrée d'un défilé, nous trouvâmes les environs couverts de beaux herbages d'une qualité bien supérieure à ceux des bords de l'Hamise ; l'eau s'y rencontrait en abondance ; on y voyait de beaux blés, et ce terrain était couvert d'arbres de toute nature : c'est une belle et forte position militaire, au milieu de ressources de toute espèce, et de plus un séjour charmant.

La chaîne du Petit-Atlas est habitée par trente et une tribus plus ou moins peuplées. Chaque tribu obéit à un chef sous le nom de Caïd, qui commande la guerre ou la paix, lève des contributions, maintient l'ordre et la tranquillité sur son territoire. Le territoire de chaque tribu renferme un espace plus ou moins grand occupé par des haouchs (fermes), des dascars (hameaux), ou des douars (réunion de plusieurs tentes). Chaque dascar ou douar est sous les ordres d'un Scheikh qui veille sur le bien commun, et qui est responsable envers le Caïd. En général, on peut estimer que le tiers du territoire de chaque tribu est occupé d'une manière fixe et comme propriété personnelle ou commune à plusieurs personnes, et que les deux autres tiers sont livrés au libre parcours. Il n'existe entre chaque fraction de la même tribu aucune limite qui indique la séparation des propriétés, et le libre parcours sur le territoire de la tribu appartient à tous les membres de la grande famille. La même absence de délimitation se fait sentir de tribu à tribu ; c'est là le germe des divisions qui existent entr'elles ; c'est là le principal motif des guerres qu'elles se livrent, et qui doivent venir d'une manière puissante au secours de notre politique.

Les tribus du Petit-Atlas qui habitent au sud d'Alger sont en général assez paisibles. La domination des Turcs qui pesait plus particulièrement sur elles, leur a fait perdre une partie de leur caractère indépendant. Leur population est partie arabe et partie kabyle, mais l'élément arabe domine. Le commerce avec Alger leur procure des richesses qu'ils ne connaissaient pas avant l'expulsion des Turcs, et on doit attribuer en grande partie à l'intérêt qu'elles trouvent dans leurs rapports avec nous la neutralité qu'elles observent surtout depuis 1832. Des négociations ont été entamées plusieurs fois avec leurs Caïds, et elles avaient pris une tournure favorable. Il y a plus qu'à espérer de ce côté.

Les tribus à l'ouest sont de même origine, partie arabe, partie kabyle. Considérées en masse, elles ne nous sont point hostiles, quoiqu'elles soient insoumises; les plus aventureux parmi cette population, excités par les Hadjouts, qui habitent au pied de leurs montagnes, viennent se joindre souvent à cette turbulente tribu pour troubler le marché de Bou-Farich, brigander dans la plaine, intercepter les communications, et piller les arabes des autres tribus qui se rendent au marché d'Alger. Il faut remarquer cependant que, depuis le châtiment qui leur a été infligé en 1831, ces tribus des montagnes de l'ouest n'ont plus commis d'actes d'hostilité générale. Elles nous craignent depuis la vengeance que nous en avons tirée, et cette vengeance a dû être efficace et donner une haute idée de notre puissance; car, en 1832, le Caïd de Mezoüna, situé dans l'intérieur des terres, nous demandait protection contre les tribus des montagnes qui l'avoisinent.

A l'est de la Métidja, les montagnes qui bordent la côte, et qui s'étendent fort avant dans les terres, sont habitées par les tribus kabyles. Ce sont les premières de cette longue suite de tribus qui occupent le grand massif compris entre le mont Jurjura et la mer, et qui s'étend jusqu'au delà de Bugie. Cette population, très-nombreuse, est jalouse au plus haut point de son indépendance. L'élément arabe ne s'y est point introduit. Ces tribus, quoique fuyant avec soin tout contact avec les divers dominateurs du pays, sont devenues industrieuses; elles savent extraire le fer, fabriquer des outils, des armes, faire de la poudre; en un mot elles suffisent à tous leurs besoins. Habitant des cavernes, des cabanes en paille et en roseaux, presque

sans vêtements, les kabyles, du haut de leurs montagnes impénétrables, semblent mépriser la puissance
des conquérants de cette terre, certains qu'ils sont
qu'on ne peut venir les attaquer. Ils s'occupent du
reste fort peu de ce qui se passe dans l'intérieur du
pays, et les Turcs, pas plus que les Arabes, n'avaient
obtenu d'influence sur eux.

Celles de ces tribus qui sont voisines de la Métidja,
et parmi lesquelles on trouve encore l'élément arabe,
avaient cependant souvent lutté contre les Turcs, sous
la conduite d'un cheik, Ben-Zamon, homme influent
et célèbre par les combats qu'il a soutenus contre
l'ancien dey. Plusieurs fois, dans les premiers temps
de la conquête, Ben-Zamon a réuni des Arabes de
diverses tribus contre nous; mais, depuis 1832, aucun acte d'hostilité n'a eu lieu de sa part, et il a même
cherché à entrer en relation avec nous.

Au delà de cette petite chaîne de l'Atlas, dans une
direction sud-est, l'on trouve les riches plaines de
Sleman, de Hamza, de Medjana, de Sétif, de Zamora
et de Constantine. La route qui y conduit traverse
dans les montagnes une vallée très-étroite et très-pro-
fonde, bordée de chaque côté de rochers très-élevés,
coupés à pic; il y a sept points, selon Boutin, où un
mulet peut à peine passer. Les habitants de ce fertile
pays, qui fait partie de la province de Constantine,
sont de race arabe : les kabyles ne s'y rencontrent que
dans quelques montagnes qui traversent cette contrée;
mais ils y sont peu nombreux. Ahmed, bey de Constantine, domine sur cette contrée : son despotisme
s'y fait sentir d'une manière pesante, et lui a créé de
nombreux ennemis. Les tribus des plaines de Sleman
et d'Hamza ont senti le besoin de notre alliance, et,

en 1833, elles ont envoyé des députés à Alger, pour
entrer en relation d'amitié avec nous. Les obstacles
que présente la chaine du Petit-Atlas ne nous permettent pas de leur donner une protection directe ;
mais, avec des moyens politiques, nous trouverions
dans ces tribus un élément, soit pour détruire la puissance du bey, soit pour prendre à revers les tribus du
Petit-Atlas si elles pouvaient avoir la pensée de se
réunir un jour contre nous.

Au sud, et au delà de la grande chaine de l'Atlas,
on trouve encore des pays fertiles, qu'arrosent les
rivières Ouad-Djid, Ouad-Abiad, et qui limitent le
désert de Sahara. Ces tribus sont nombreuses et riches.
Elles sont sous l'influence d'un chirk, Ferhat, qui
parait avoir beaucoup de pouvoir sur elles. Ce chirk
a envoyé, en 1832 et en 1834, des députés à Alger
avec des présents. C'était un hommage rendu à notre
puissance, une sorte de suzeraineté qu'il reconnaissait,
et cette alliance, si elle est bien entretenue, doit nous
assurer une grande domination morale sur toute la
contrée, et ouvrir au commerce et aux explorations la
route du désert.

Cette description du pays d'Alger, que j'ai essayé
de rendre aussi succincte que possible, et en même
temps la plus vraie, m'a semblé indispensable pour
l'examen des questions qui se rapportent à la colonisation. Un mot sur l'état moral des habitants nous
servira à l'examen de la question de civilisation.

La nature a empreint les Arabes d'un caractère jusqu'à ce jour ineffaçable. Leur vie errante, leurs occu-
pations, leurs vertus, leurs vices paraissent déterminés

par le sol et par le climat ; car depuis les premiers
temps connus du monde, leurs mœurs se montrent
sans subir d'altération. Le Caïd d'une tribu vit comme
le patriarche Abraham, et la bible est encore l'histoire
des arabes de nos jours. Tout, chez ce peuple, paraît
faire une loi de la vie nomade, et cette vie impose les
mœurs simples que nous lui trouvons, et ce besoin
d'indépendance qui restreint l'état social à la tribu.
Chaque famille ainsi est isolée, et la tribu est plus ou
moins nombreuse, selon que la famille s'est plus mul-
tipliée. Le père a une autorité forte et durable ; le plus
grand respect l'entoure. A sa mort, son pouvoir est
exercé par l'aîné de ses fils. La tribu, qui est la grande
famille, reconnaît pour chef un Caïd qui est nommé
par les cheiks (anciens) de chaque branche, et qui
peut être déposé s'il vient à manquer à la justice, à
la fermeté et au courage qu'il doit montrer en toute
circonstance. Les Arabes couchent sous la tente, ce qui
leur permet de transporter leur demeure là où le caprice, ainsi que leurs besoins, peuvent les conduire.
Leurs aliments sont simples : du lait ; un fruit du cactus
ou du dattier ; le couscousou, farine de froment cuite
à la vapeur d'un bouillon de viande, tels sont les mets
qui composent leurs repas. L'eau est leur unique bois-
son ; le café le seul stimulant dont ils fassent usage.
Leurs vêtements sont commodes. Le bernous, manteau
en laine blanche dont ils s'enveloppent, les garantit à
la fois et de la chaleur et de l'humidité. L'arabe a des
passions vives et impétueuses. Il est fier et vain, méfiant, vindicatif et pillard. Sa tête est ardente ; la vie
solitaire et errante qu'il mène exalte encore ses pensées. Paresseux par l'effet du climat, et du peu de
besoins qu'il a, il est violent par tempérament ; aussi

aime-t-il la guerre, parce qu'elle satisfait toutes ses passions! Mais c'est surtout après qu'il a récolté, en août, septembre et octobre, que, débarrassé de toute espèce de soin, et ne sachant que faire, il monte à cheval, parcourt les souchs, lieux où se tiennent les marchés, les aouchs, sortes de fermes, s'exalte par le récit de ses hauts faits, et entraîne avec lui les plus turbulents. A cette époque les tribus se font presque toujours la guerre, et l'enlèvement de quelque tête de bétail est le prétexte ordinaire dont elles couvrent une haine et une vengeance que rien n'éteint. L'arabe encore est doué d'une imagination plus vive que forte, qui lui fait aimer le brillant, le merveilleux. Les fictions, les comparaisons, les images, tout ce qui constitue la langue poétique lui plaît et l'attache. Il aime les chants, les contes; il les écoute avec avidité, les redit avec délices. Habituellement grave et mesuré dans ses discours comme dans sa conduite, on le voit s'impressionner si son interlocuteur sait répandre quelque chose de pittoresque dans la conversation. Il s'enthousiasme bientôt, si l'imagination vient mêler quelques richesses, quelques harmonies à un langage sérieux, et lui prête ce caractère d'inspiration auquel l'arabe est si sensible. L'hospitalité est une vertu de nécessité chez lui; c'est en cela surtout qu'on peut croire à sa loyauté. Avare, il aime l'argent pour l'enfouir, ou tout au plus pour se procurer un beau cheval qui devient son compagnon, son ami, et de la poudre pour satisfaire ses vengeances. Tout homme est habituellement armé, et quiconque peut porter une arme doit combattre quand l'intérêt commun l'exige. La manière de combattre est dénuée de tout principe d'unité: chacun se précipite en poussant de grands cris, décharge son fusil à en-

viron six à sept cents pas, retourne en arrière pour
charger, revient ensuite, et n'aborde son adversaire
que lorsqu'il est blessé, ou qu'il fuit. Quel que soit leur
nombre, il vient échouer devant une unité quelconque
de forces, et les arabes ne sont à craindre que dans
des déroutes ou dans des embuscades. Pour des soldats européens, ce sont des brigands armés! l'honneur
militaire n'existe point chez ce peuple; la fuite n'est
point une honte, souvent elle sert un projet. Aussi re-
marque-t-on sur le champ de bataille peu de ténacité
chez les arabes! une attitude ferme leur impose; marcher sur eux les fait reculer; mais ils profitent habilement du moindre désordre, et c'est alors que leur
furie s'exerce : rien n'échappe à leurs coups!

Telle est l'esquisse rapide de ce peuple pauvre à nos
yeux, et marqué d'une physionomie originale qui doit
intéresser fortement l'observateur. Qu'on me pardonne
un mot sur les femmes dont la position est, ce me
semble, mal appréciée. Ce sexe inspire l'amour et le
respect; sa condition est douce : il doit soumission;
mais il est entouré de soins et d'égards. La fidélité de
l'homme n'est pas dans les mœurs, mais le respect y
est profondément gravé, et jamais sans doute un arabe
n'a parlé légèrement d'une femme! sa réclusion est
une loi du climat ; encore n'est-elle pas exclusive!....

La paix règne habituellement parmi les membres de
la tribu; mais il n'en est point ainsi de tribu à tribu.
Tout ce que le cœur humain peut renfermer de passions
jalouses, haineuses et orgueilleuses se montrent dans
les relations que les tribus ont entr'elles, et le plus
léger motif de rivalité devient un motif de haine, et
tôt au tard de guerre. Aussi ce peuple, si formidable
par ses institutions, qui sont simples, fondées sur la

puissance du père ou du chef, et à la fois politiques et religieuses ; si remarquable par son extrême sobriété; si dangereux par son impétuosité, sa violence, et par le mépris avec lequel il envisage la mort ; ce peuple, si soumis, si brave et si guerrier n'offre-t-il aucune consistance sérieuse ! Quelques milliers de Turcs l'ont dominé en profitant de ses divisions ; la politique française ne pourrait-elle donc le soumettre ? elle qui traîne à sa suite des armes devant lesquelles le courage des Arabes est impuissant, et qui peut offrir à la fois la paix et la richesse. C'est ce que nous examinerons.

Je ne veux point discuter s'il faut ou non abandonner Alger ? si cette possession nous sera fructueuse, si elle augmentera notre puissance, ou si elle l'affaiblira ? Je ne dois voir qu'un fait accompli : celui de l'occupation des côtes septentrionales de l'Afrique, et la nécessité de les conserver parce que nous les avons. Dans l'état actuel des choses, on ne peut donc point abandonner Alger, et puisqu'il faut l'occuper, c'est à trouver le système d'occupation le moins coûteux qu'il faut songer d'abord, sauf à voir ensuite le parti que nous tirerons de notre conquête.

L'occupation sera d'autant moins coûteuse que le nombre des troupes sera moins grand, et qu'elles seront organisées de la manière la plus simple. C'est à chercher ce chiffre et ce système qu'il faut s'attacher en s'appuyant sur la topographie du pays et sur le caractère de ses habitants. Toute organisation d'armée doit être fondée sur ce principe, et ce qui peut être parfait pour notre Europe, m'a semblé nuisible en Afrique.

On a pu se convaincre, en lisant la description des environs d'Alger, que ce pays ne pouvait se comparer à aucun autre en France. Là, point d'habitations qui attachent au sol, point de cultures fixes qui y créent des intérêts ; point de routes, point de chemins même qui forcent ou donnent l'habitude de suivre telle direction. Où il y a de l'eau, la terre convient à l'arabe ; sa tente se dresse ; ses troupeaux paissent. Avec un bâton ferré il remue le sol, s'en va ensuite si un caprice l'entraîne plus loin, revient pour récolter, et continue à errer dans la circonscription de sa tribu. Dans ses courses, dans ses voyages, il marche droit au but, franchissant les obstacles quand ils ne sont point infranchissables. Là, aucune position, aucun point ne commande le pays ; tout ce qui n'est point sous les pieds ne vous appartient pas. Là, point de gîtes pour se reposer, point de ressources pour se substanter. Devant soi, autour de soi, de la terre, rien que de la terre, et un peuple insaisissable. Aussi nos troupes n'y sont maîtresses que du terrain sur lequel elles campent, et leur influence ne s'étend pas au delà de la portée de leurs armes. Un régiment en bataille a un effet moindre qu'un bataillon en tirailleurs ! Ces remarques serviront de base à l'organisation que nous allons proposer.

L'unité d'organisation dans l'armée française est le régiment qui se subdivise en diverses fractions, mais qui toutes agissent et s'administrent, dans toute la haute acception de ce mot, sous l'influence d'un colonel. Ce chef, responsable de toutes les parties du service, doit, par ce fait seul, et par un autre motif inhérent au cœur humain, désirer que son régiment soit constamment réuni sous ses yeux, et tous ses efforts tendent à ce but. Aussi avons-nous vu longtemps à Alger une armée de quinze à dix-sept mille hommes, entassée dans la ville et sous ses murs, se borner à fournir quelques hommes dans des blockhauss, et quelques détachements dans des camps qui s'établissaient lentement et à grands frais. C'est à cela seul qu'il faut attribuer ces incursions de quelques Arabes qui venaient brigander entre nos avant-postes et la ville ; et si quelque chose doit étonner, c'est que ce peuple n'ait pas tenté quelques sérieux coups de main, et ne soit pas venu porter subitement le désordre dans nos quartiers de l'Aga, et de Mustapha, faubourgs d'Alger. Avec ce système, c'est la grande muraille de la Chine qu'il faut bâtir ; car, quelques rapprochés les uns des autres que soient nos camps et nos blockhauss, ils laisseront toujours d'assez grands intervalles entr'eux pour que les Arabes traversent cette ligne. En étudiant la topographie de ce pays, le caractère, les habitudes et les divisions des habitants, on reconnaît de suite que la plaine de la Métidja est la place d'armes des Arabes ; que les souchs (marchés) sont les points de rassemblement particuliers, et que les trente et une tribus qui habitent la chaîne du Petit-Atlas ne pourront point se réunir le jour où les débouchés de leurs montagnes seront occupés par nos troupes. Mais faudra-t-il devant chaque débouché faire camper un régiment? faudra-t-il occuper Belida avec une brigade comme il a été dit et écrit, et dépenser, pour l'y installer, près d'un million, d'après les devis établis? Devra-t-on continuer à créer des camps qui, comme celui de Douëra, a coûté plus de cent mille francs, pour ne renfermer que deux bataillons: établissement utile quand on l'a créé, mais qui a perdu de son utilité depuis que l'on s'est porté à

Bou-Farich, à Maëlma, et sur la Chiffa, et, réunir douze cents hommes sur un point, au milieu d'un pays que rien n'empêche de parcourir en tous sens; n'est-ce pas entasser des hommes inutilement? Ceci est si vrai qu'à deux lieues sur les derrières de Douëra, nos soldats isolés étaient égorgés par les Arabes, bien qu'il y eût près de là un autre camp, celui de Delhy-Ibrahim. On doit conclure qu'il faut adopter une organisation militaire qui permette d'occuper le plus grand nombre de points possible tout en maintenant l'unité de commandement et d'administration; qui permette de parcourir un grand cercle autour de chacun de ces points, et cela dans une certaine indépendance, et qu'il faut ne créer que des établissements provisoires, faits par les soldats, qui seront suffisamment couverts par des fortifications passagères, puisque les Arabes n'ont aucun moyen pour les attaquer avec quelque chance de succès.

L'organisation d'une armée spécialement affectée au service dans nos possessions d'Afrique, ayant pour unité le bataillon, paraît devoir remplir complétement le but qu'on se propose, moyennant certaines conditions d'organisation intérieure dans le bataillon, et en adoptant un système d'administration se résumant par un compte de clerc à maître. Il en sera de même pour la cavalerie; son unité devra être l'escadron.

Le bataillon devrait être ainsi composé :

ÉTAT-MAJOR :

1 Chef de bataillon;
1 Capitaine-major;

1 Adjudant-major (du grade de capitaine indispensablement, afin de pouvoir diriger, et au besoin commander deux ou trois compagnies) ;

1 Trésorier ;

1 Officier d'habillement ;

1 Chirurgien ;

2 Adjudants sous-officiers (montés) ;

1 Caporal-clairon ;

COMPAGNIES :

10 compagnies, dont une de grenadiers, six de chasseurs ; une de voltigeurs ; une *dite* hors rang, et une composée d'indigènes.

Il me semble d'autant plus utile de répartir les zouaves, corps composé d'indigènes, par compagnie, dans chacun des bataillons, qu'ils seront des interprètres utiles, et qu'eux seuls pourront diriger et éclairer avec tout le succès possible, les marches, les expéditions, les reconnaissances, ou même les simples patrouilles. Mais il y a encore une autre considération : c'est qu'ils seront d'excellents observateurs relativement aux Arabes ; qu'ils pourront avoir des relations avec eux ; deviner leurs projets par des faits qui échapperaient à notre inexpérience de leurs usages ; enfin, dans les mains d'un commandant habile, ils pourront rendre tous les services que l'on doit attendre de leur connaissance du pays, des mœurs et des usages des Arabes, et ces services, au lieu d'être répartis sur un seul point, comme aujourd'hui, le seront sur tous ceux que nous occuperons. Cependant il faut bien comprendre qu'on ne doit point froisser leurs habitudes, et que notre discipline et nos exercices ne peuvent leur être imposées.

La compagnie hors rang devra être organisée de manière à subvenir à tous les besoins de la guerre, et composée de soldats de toutes les professions. Cette compagnie devra se subdiviser ainsi :

Une escouade de sapeurs-pionniers, instruits d'une manière toute spéciale aux travaux de la fortification de campagne et à la destruction et construction de tous les obstacles ;

Une escouade de soldats canonniers ;

Une escouade de vivriers, composée de boulangers, bouchers, et quelques hommes connaissant la mouture ;

Une escouade d'ouvriers tailleurs ;

Une escouade d'ouvriers cordonniers, guêtriers pouvant travailler en buffleterie ;

Une escouade d'armuriers, ouvriers en bois et en maçonnerie ;

Une escouade de soldats écrivains employés auprès du trésorier et de l'officier d'habillement ;

Une escouade d'infirmiers-cantiniers destinés, sous les ordres du chirurgien, à l'enlèvement et à la garde des blessés, et à fournir des secours aux hommes fatigués.

Chaque escouade sera commandée par un caporal ayant la même profession que ses subordonnés. Les quatre demi-sections seront commandées par quatre sergents dont l'un aura sous ses ordres les sapeurs et le canonniers, les autres appartiendront aux professions de tailleur, armurier et vivrier.

Chacune des dix compagnies sera commandée par un capitaine, ayant sous ses ordres un lieutenant et deux sous-lieutenants. Dans la compagnie hors rang le lieutenant dirigera particulièrement les armuriers et les constructeurs ; les deux sous-lieutenants seront spécialement attachés aux sapeurs et aux canonniers.

La compagnie indigène sera commandée par un capitaine français ayant sous ses ordres un lieutenant français et deux sous-lieutenants indigènes. Le sergent-major et le fourrier devront être français. On devrait s'efforcer d'arriver en peu de temps à confier le commandement de cette compagnie à des Arabes.

L'effectif de chacune des dix compagnies sera de cent quarante hommes.

Deux pièces d'artillerie d'un petit calibre appartiendront au bataillon. Si l'ancien calibre de Quatre existait encore dans les arsenaux, il pourrait probablement être employé en Afrique.

Deux caissons légers seront attachés au bataillon ; l'un comme caisson d'ambulance, l'autre comme caisson de réserve de vivres.

La cavalerie sera organisée d'après les mêmes principes. L'unité sera l'escadron, non point comme aujourd'hui l'escadron-compagnie, mais l'escadron composé de plusieurs compagnies. Trois compagnies formeront l'escadron de chasseurs d'Afrique. Deux compagnies françaises et une compagnie d'indigènes. Chaque compagnie sera commandée par un capitaine, un lieutenant et deux sous-lieutenants. Un peloton hors rang, commandé par un lieutenant et un sous-lieutenant, sera organisé d'après les mêmes principes que la compagnie hors rang du bataillon.

L'état-major de l'escadron sera composé d'un chef-d'escadron, d'un capitaine-major, d'un adjudant-major, d'un chirurgien, d'un trésorier, d'un officier d'habillement, d'un adjudant et d'un brigadier trompette.

L'effectif de chaque compagnie sera de quatre-vingts chevaux. Le peloton hors rang aura un effectif de soixante hommes.

Pour rendre encore plus complète l'organisation de l'armée d'Afrique, nous aurions dû proposer la formation d'un peloton de cavalerie dans chaque bataillon. Alors le bataillon deviendrait vraiment un corps actif dans toute l'étendue de ce mot. Il pourrait marcher, camper, attaquer, se défendre dans toutes les positions, sur tous les terrains; s'arrêter où bon lui semblerait; y séjourner aussi longtemps qu'il le voudrait; en un mot, il suffirait à toutes les circonstances et à tous ses besoins. En se rappelant l'admirable campagne d'Egypte, en étudiant bien le caractère des Arabes et leur manière de combattre, que nous avons essayé de présenter, on doit rester convaincu que le bataillon, tel que nous l'organisons, ne pourrait être entamé par six mille arabes; qu'il les disperserait même sans qu'ils puissent l'arrêter dans ses projets: on ne verrait plus alors des détachements de trois à quatre mille hommes, commandés par un général, marcher contre les cinq à six cents Hadjoutes; on y enverrait un bataillon qui s'installerait sur leur territoire, et l'occuperait aussi longtemps qu'il le voudrait, sans avoir peut-être à tirer un coup de fusil.

L'armée d'Afrique se recruterait dans les régiments stationnés en France. Les sous-officiers et soldats devraient contracter l'obligation d'y servir trois ans. Il devrait être fait à tout officier la condition d'y servir quatre ans.

Après la première organisation de cette armée, les emplois devraient être ainsi donnés :

Les emplois de caporal aux soldats de l'armée d'Afrique;

Les 7/8 des emplois de sous-officier aux caporaux,

l'autre 1/8 aux sous-officiers des régiments stationnés en France qui demanderaient à servir en Afrique : — ce devrait être une récompense !

La moitié des emplois de sous-lieutenant aux sous-officiers ; l'autre moitié aux sous-lieutenant appartenant à des régiments, mais par permutation ;

Les 3/4 des emplois de lieutenant, aux sous-lieutenants de l'armée d'Afrique ; l'autre quart, par permutation, aux lieutenants servant en France.

Tous les emplois de capitaine aux lieutenants.

Tous les emplois de chef de bataillon ou d'escadron aux capitaines de l'armée d'Afrique.

Des lieutenants-colonels et des colonels seraient attachés à cette armée avec le titre de sous-inspecteur et d'inspecteur. Dans l'infanterie, leur nombre serait en raison de 1 par quatre bataillons, et dans la cavalerie de 1 par trois escadrons. Ces officiers supérieurs auraient habituellement l'inspection des bataillons ou escadrons qui seraient sous leurs ordres, et les commanderaient en cas de réunion.

Ces emplois seraient donnés moitié aux officiers supérieurs servant en Afrique, et l'autre moitié, par permutation, aux officiers du grade correspondant servant en France.

Le système de baraquement serait seul en usage. Ce pays, fournissant peu de bois, la charpente des baraques serait confectionnée en France, et chaque pièce serait numérotée, pour être dressée en Afrique : au moyen d'un torchis, les soldats acheveraient sans frais leurs habitations. Chaque baraque devrait contenir seize hommes dans l'infanterie ; chaque compagnie ayant ainsi neuf baraques, pourrait s'établir en formant un carré.

L'établissement d'un bataillon devra être fait ainsi que suit, en conservant l'ordre de bataille :

Sur le point principal, deux compagnies et la compagnie hors rang ; les magasins ; les pièces d'artillerie ; le peloton de cavalerie ; le chef de bataillon et son état-major. Quelques lunettes, reliées par un chemin couvert, protégeraient ce camp. Les trois compagnies de droite et les trois de gauche s'établiraient chacune en carré, et en laissant entr'elles un intervalle de mille mètres environ, selon les localités. Chaque compagnie s'entourerait d'un fossé dont les terres seraient relevées en parapet. La compagnie indigène serait baraquée en carré à mille mètres environ en avant du camp principal.

Ces principes seraient appliqués au baraquement de la cavalerie, en les modifiant d'après la position que cette arme pourrait occuper en seconde ligne. On doit voir combien ce système d'organisation et de baraquement peut être favorable en Afrique, si l'on s'est bien pénétré de la topographie de ce pays et du caractère ainsi que des habitudes des Arabes. Un bataillon peut ainsi occuper, protéger et défendre une ligne de quatre à cinq mille mètres, tandis qu'aujourd'hui il ne garde qu'un point, centre d'un cercle qui n'a que trois à quatre cents mètres de rayon.

Le système d'administration de ces corps devrait être aussi simple que possible. D'abord l'habillement du soldat serait réduit au strict nécessaire. Un habit-capote en drap ; une blouse en coutil de coton, un pantalon de drap, un en coutil comme la blouse, une paire de guêtres en cuir, une en coutil, la casquette d'une forme élevée et conique sur laquelle les rayons du soleil viendront glisser ; une cartouchière servant aussi de ceinture, un petit havre-sac, tels sont les principaux effets que le soldat doit avoir. Mais une mesure qui aurait de grands résultats économiques et politiques serait celle-ci : le conseil d'administration de chaque bataillon serait chargé de pourvoir à l'achat des matières servant à la nourriture du soldat. L'intérêt étant le plus grand mobile chez les Arabes, la tribu voisine du camp d'un bataillon vendrait du blé et des bestiaux que l'on aurait à très-bas prix, et telle tribu, ou tel arabe qui n'ose ou ne peut point amener ses denrées à Alger, les livrerait au bataillon, et répondrait aux tribus hostiles qui lui reprocheraient ce commerce, qu'il est sous l'influence de notre canon. Les vivriers de la compagnie hors rang, au moyen de moulins à bras, et de fours de campagne, que l'on construit en terre en fort peu d'heures, manutentionneraient ces matières, et l'État trouverait une économie considérable. Autour du camp, de jolis jardins potagers seraient cultivés par nos soldats ; et quelle leçon les Arabes n'y prendraient-ils pas?

Le même système serait appliqué à la cavalerie. Elle se pourvoirait de blé, de bestiaux ; elle se procurerait sur les lieux les fourrages nécessaires aux chevaux, au lieu d'en faire venir à grands frais de France, d'Espagne et d'Italie. Nous avons vu que la plaine de Métidja fournissait des herbages abondants et d'une bonne qualité; ils n'appartiennent à personne : pourquoi ne pas les prendre? En 1833, nous fîmes un fourrage dans cette plaine : huit cents faucheurs pendant les journées des 21, 22, 23, 25, 26 et 27 mai, chargèrent sept cent et une voitures, cent cinquante chevaux, cent trente-huit mulets et onze chameaux. Cette opération aurait pu facilement donner des produits décuples. L'avoine ne devrait point être admise dans la ration des chevaux de l'armée d'Afrique. Ces chevaux, achetés dans le pays, trouvent leur nourriture dans les pacages, et reçoivent pour supplément de la paille et de l'orge, substance excellente dans ces climats chauds. Passés dans nos mains, ils changent de régime, et l'avoine échauffante est transportée d'Europe pour leur être distribuée. Pourquoi changer leur régime aux dépens de leur santé, et par conséquent de leur force et de leur agilité? Pourquoi aller chercher bien loin une substance coûteuse quand on peut en trouver une sur les lieux, plus nourrissante, mieux appropriée au tempérament des chevaux et beaucoup moins chère? Et quelle source d'économie dans ce système! Point de frais de manutention, d'emmagasinement; diminution dans le personnel si nombrenx en Afrique des agents du service des subsistances. L'intendance militaire surveillerait et contrôlerait ces dépenses, comme elle surveille et contrôle la solde, l'habillement, les effets de linge et chaussure. Quelle émulation entre les conseils d'administration des divers bataillons, et combien les chefs de ces bataillons déployeraient de zèle, d'habileté, car leur réputation et leur avancement dépendraient en partie de leur bonne administration, et les preuves en seraient palpables: un budget comparatif les fournirait! Quelle école pour former des colonels! et ces futurs généraux seraient à la fois soldats de toutes armes, administrateurs et hommes politiques.

Il entrait dans le système des Turcs, d'obliger les tribus à leur fournir un certain nombre de cavaliers

sous le nom de Spahis, qui marchaient avec eux lorsqu'ils avaient quelqu'expédition à faire. Nous avons
suivi ce système, et nous nous en sommes bien trouvés. Ces Spahis reçoivent une solde pendant le temps
que dure leur service, et ils rentrent ensuite dans
leur tribu, où ils jettent dans les esprits les semences
de quelques-uns de nos usages. Il faut conserver ces
auxiliaires ; ils forment une excellente avant-garde ;
seulement il faut chercher à les entraîner à servir
pendant un certain temps, bien court d'abord, six
mois, un an, dans les compagnies indigènes *.

Je livre cette organisation à l'examen des hommes
politiques et des militaires. Je désire beaucoup qu'ils
la jugent sans intérêt, sans amour-propre, en faisant abstraction momentanément de leurs habitudes,
des idées reçues, enfin de tout ce qui constitue notre
état politique. Ils oublieront un instant, je l'espère,
qu'ils sont de cette France si avancée dans ses idées
sociales, pour mieux juger ce qu'il convient de
faire pour sa gloire et son intérêt. Ils ne lui oppose-
ront point notre loi sur l'avancement ; nos ordon-
nances constitutives, car elles ne sont faites que pour
notre Europe, et un jour doit venir où les Chambres,
le pays, sentiront la haute nécessité de remettre entre
les mains du pouvoir, et pour un temps limité, la
dictature en Afrique. Ce sera la source de nos succès !
Ils ne repousseront point cette formation de l'armée,
en disant qu'elle sent le romain, car ils se rappelle-
ront que Rome a longtemps dominé sur cette terre
et que le génie de ce grand peuple consistait surtout

---

* Après deux années de service, il pourrait leur être donné des
terres dans la Métidja, sous la condition de construire des habitations.

à s'approprier le génie des autres nations, et à se mêler avec elles en respectant et en adoptant même des usages souvent bien opposés aux leurs. C'est que ce peuple était tout politique; c'est qu'il savait que dans ce monde rien n'est fixe; qu'il n'y a point deux circonstances qui se ressemblent; qu'il n'y a point de règle qui s'applique à toute chose, et qu'il savait changer de caractère et de conduite selon la nation avec laquelle il se trouvait en contact.

Il nous reste à fixer les points que l'armée d'Afrique doit occuper, et par conséquent le nombre de bataillons qu'on doit former. Nous allons essayer de le faire aussi succinctement que possible, en indiquant, comme nous l'avons fait jusqu'à présent, les principaux traits de toute chose, et dans le but seul de donner à penser de nouveau sur la grande question de l'utilité et des avantages que doit nous procurer ce pays, selon le mode d'occupation que nous adopterons.

Alger est le point principal de nos possessions sur la côte septentrionale de l'Afrique. Là fut de tout temps le siége du gouvernement. De là, part une sorte d'influence prestigieuse qui se répand sur toute la contrée. Depuis des siècles, les dominateurs du pays furent les possesseurs d'Alger; d'Alger la guerrière, la victorieuse, ainsi que l'appellent les Arabes. La nature a disposé ce sol d'une manière heureuse. Quelques villes pour la vielle race maure, bons bourgeois se laissant vivre dans une douce quiétude; de grandes et fertiles plaines pour l'arabe pasteur; et puis des montagnes élevées, abruptes pour le farouche kabyle, race primitive qui vit pour elle, et qui dédaigne de se mêler des affaires de ce monde. Mais dans cette disposition du terrain, n'y aurait-il point une place pour nous , Européens ? L'inspection de ce pays répond par l'affirmative. D'abord c'est une grande et belle rade, mais je ne dis pas une bonne rade, et un petit port qui peuvent sans doute par des travaux devenir plus sûrs. Ensuite c'est une ville , Alger, que les Arabes ont de tout temps reconnu pour leur souveraine, le centre de leur commerce et aussi le rendez-vous de leurs plaisirs. C'est ensuite un grand et beau massif de collines , facile à défendre , à garder. La plaine de la Métidja , grande place d'armes dont les flancs sont bien défendus par le Massafran et son affluent, la Chiffa, à droite, et par l'Hamise à gauche ; flancs qui doivent un jour se développer jusqu'à la montagne de Chénoua d'un côté , et de l'autre celles de Béni-Tor , Flissa-sur-Mer, etc. , etc. La Métidja, que dominent les collines d'Alger formant pour ainsi dire l'escarpe de ce long et large fossé dans lequel aboutissent les routes d'Oran, de Tittery et de Constantine. Ce sont encore aux deux extrémités , Blida, el Gadra , postes avancés ; et enfin la chaîne du Petit-Atlas , barrière interposée entre les indigènes et nous. Certes, si nous avions été sages, nous nous serions contentés d'occuper pendant un certain temps le massif d'Alger. Là , nous trouvions une terre salubre dans presque toutes ses parties , et livrant à notre industrie vingt-cinq à trente lieues carrées. Cette terre pouvait nourrir à peu de frais ses habitants et ses défenseurs. Comme position elle était inattaquable, et nous donnait des débouchés sûrs dans la plaine où bientôt nous aurions commandé moralement. Elle est arrondie, et le centre d'un vaste demi-cercle , centre que les Turcs se sont contentés d'occuper cinquante-trois ans; et pendant ce temps ils s'affermissaient sur

ce terrain, ils étudiaient le caractère de leurs adversaires, apprenaient à connaître les ressorts qui les réunissent ou les divisent, et repoussaient leurs attaques
avec cette supériorité que leur donnait leur position
compacte, et l'étude qu'ils avaient faite des hommes et
des choses. Et ils étaient une poignée d'hommes ces
Turcs ! Et, quand le moment fut venu, quand ils eurent
bien établi une base d'opérations inexpugnable ; quand
ils eurent bien approfondi les moyens politiques qu'ils
devaient employer pour décupler leurs forces ; quand
ils eurent bien prouvé aux Arabes que toute attaque de
leur part était infructueuse, alors ils s'élancèrent à la
conquête de tout le pays, le soumirent presque sans
combattre et en peu de temps, parce qu'ils ne s'étaient
jamais exposés légèrement et que jusqu'alors ils n'avaient
point été vaincus. Et puis encore, deux ou trois générations s'étaient levées ; le nom turc s'était acclimaté ;
leur brillant courage était reconnu, leur prudence appréciée ; ils avaient déjà des auxiliaires, des alliés, des
amis ; ils étaient fiers, ils étaient dignes, ils étaient
sévères et justes : ils furent forts ! Et 8000 hommes
possédèrent ce que nous voulons nommer l'Algérie !
Mais ils n'avaient point derrière eux une foule de gens
aventureux qui les poussaient inconsidérément en avant,
afin de jouir immédiatement de richesses qu'ils n'avaient
point su acquérir chez eux par leur travail, leur intelligence ou leur conduite. Et ces seigneurs-soldats (le
soldat turc avait le titre d'Effendi, le Dey était soldat
de la milice) n'étaient point poussés par une folle ambition qui les portait à courir les chances d'expéditions
et de combats sans but, pour acquérir des grades, des
honneurs, de la gloire. Ils comprirent les destinées de
leur race ! ils ne les jouèrent point contre un grade,

contre un renom passager. Ils se contentèrent d'avoir le grand peuple arabe pour vassal !! Rien ne ressemble en effet autant à l'histoire de nos grands seigneurs féodaux que l'histoire de la domination des Turcs en Afrique.

Nous aurions dû agir ainsi !

Aujourd'hui il me semble peut-être tard pour rentrer dans nos premières limites naturelles. Nous avons établi un camp à Bou-Farich ; nous en avons porté un sur la Chiffa ; nous essayons d'aventurer un blockhaus sur le territoire des Guérouaou à gauche de Belida, et tout cela partiellement, sans que ces postes se relient. Nous y jetons des hommes, et puis le gros de l'armée se retire à Alger ou dans les environs, les uns pour jouir de la vie d'une espèce de capitale, les autres pour goûter les douceurs du repos dans des jardins bien plantés, et même dans des maisons de campagne. Aussi cette armée, sauf les détachements, ne rend point les services journaliers qu'elle est fort capable de rendre. J'ai vu quinze mille hommes entassés autour d'Alger, fournissant au plus mille à douze cents hommes dans les postes extérieurs, et cependant alors les Arabes ne nous attaquaient point ; nous parcourions en toute sûreté les collines du Sahell : des hommes isolés s'aventuraient dans la plaine de la Métidja, d'autres parcouraient les tribus de Krachnah, et de Beni-Moussa, c'est qu'alors nous ne cherchions point à franchir hostilement nos limites naturelles ; c'est qu'on ne faisait point d'expéditions qui n'auraient eu aucun but, et que les Arabes tranquilles chez eux, nous laissaient fort tranquilles chez nous. Ils n'ont plus songé à nous disputer la possession du Sahell quand ils ont vu, après quelques attaques, que nous y étions solidement éta-

blis, et que notre seul but était de faire avec eux acte
de bon voisinage, et un commerce qui leur était profitable. Mais le territoire de la tribu est sa patrie, et
pour la défendre elle nous attaquera ; car, derrière elle,
il y a bien des tribus, mais il n'y a plus de patrie.
Si, avec nos idées européennes, ce que nous appelons
l'honneur de nos armes nous le permettait, il faudrait
reprendre pour un temps quelconque nos limites naturelles (et je laisse à de plus expérimentés que moi
le soin de décider cette question). Ce serait reculer, je
le sais, mais pour mieux sauter peut-être, si l'on veut
bien me pardonner la trivialité de cette expression.
D'ailleurs, les Arabes ne reconnaissent point l'honneur
militaire ; et puis sommes-nous donc si avancés, et ne
quittons-nous pas déjà notre camp sur la Chiffa ? Gar-
dons Bou-Farich comme poste avancé ; laissons-y nos
Spahis, et je crois que l'honneur sera satisfait. Les intérêts de quelques Européens y perdront sans doute ,
mais ils les ont engagés à leurs risques et périls. On a
dit : Nous garderons Alger, et on n'a point dit nous
irons tête baissée partout où vos folles spéculations et
vos coupables ambitions vous porteront. Non ! la France
sage, éclairée, ne l'a point dit. Des journaux, de
bonne foi sans doute, ont pu accueillir et répéter les
rêves de quelques insensés ; mais le Gouvernement, le
pays n'a point dit : Allez ! et nous vous suivrons ; nous
vous soutiendrons de notre or, nous vous prodiguerons
des soldats : Allez ! allez ! Et les fruits d'une vie la-
borieuse, le sang de nos enfants, tout est à vous !
Non, on ne l'a point dit : j'en appelle à tous les chefs
de famille !

Dans ce cas, nous porterions un de nos bataillons
depuis l'embouchure du Mazafran dans la mer, jusqu'au

près du dascar de Zouaouda. Son front serait défendu par un ruisseau qui coule sur ce terrain, et il serait voisin de petites tribus avec lesquelles il entrerait en relation. Ceci ne serait point reculer, car ce serait avancer vers Coleah, et l'on garderait les bords de la mer, les baies de Sidi-Ferruch, et la plaine de Staouéli. Le camp de Maëlma serait occupé par un autre bataillon ; Douëra ; une position sur la ligne de partage des eaux vers Sid-Suleiman ; Bir-Kadem ; la Maison-Carrée, recevraient chacun un bataillon baraqué selon notre système ; excepté dans ce dernier poste, qui est construit en maçonnerie, et qui recevrait en outre une demi-batterie d'artillerie ; et on détacherait convenablement les compagnies indigènes et les pelotons de cavalerie. Ainsi, le bataillon de la Maison-Carrée aurait sa compagnie indigène au fort de l'Eau, et son peloton de cavalerie à la Rassouta. Trois escadrons de cavalerie seraient en seconde ligne à Koubba ; sur un point vers Baba-Hassan ; sur un autre point vers Bou-Kandoura ; en troisième ligne on placerait une demi-batterie d'artillerie à Byr-Madraïs et une batterie à Délhy-Ibrahim. Enfin, un bataillon à Mustapha-Pacha ; un escadron à l'Aga, et un bataillon à Alger compléteraient sur ce point les forces nécessaires pour parfaitement garder le pays, imposer aux Arabes, et les attaquer si besoin était. Cette disposition de troupes aurait encore un autre avantage, celui d'assurer mieux qu'aujourd'hui le secret des opérations ; car, échelonnées comme elles le seraient sur les divers débouchés, et se donnant la main, les troupes seraient successivement rassemblées par le commandant d'une expédition qui partirait d'Alger avec quelques centaines d'hommes, et se présenterait sur le lieu du combat avec plusieurs milliers. La population ignorerait les opérations militaires; il n'y aurait point de mouvements de subsistances qui indiquent toujours à l'avance les projets; puisque chaque bataillon aurait avec lui sa manutention, et en outre une réserve en riz, en biscuit et en viande salée, qui serait distribuée au moment d'un mouvement imprévu.

Ainsi, huit bataillons, quatre escadrons et deux batteries d'artillerie suffiraient pour bien assurer la libre possession du massif d'Alger, et cette force serait encore suffisante quand le moment serait venu de l'établir au pied du Petit-Atlas.

Mais si l'on juge qu'il faut posséder immédiatement la plaine de la Métidja, et camper au pied de l'Atlas, le nombre des bataillons paraîtrait devoir s'augmenter de beaucoup, ainsi que les frais d'établissement. Cependant l'organisation que nous avons proposée y remédiera en partie.

Le développement du pied du Petit-Atlas est environ de quarante-cinq mille mètres depuis la rivière Hamise jusqu'à Belida (environ onze lieues de poste). Sur ce front nous nous trouvons en contact avec trois tribus, Krachnah, Beni-Moussa et Beni-Missera; sur notre flanc gauche les tribus de Yesser, Flissah, Amraoua, et sur notre droite les Hadjoutes, les Soumata, les Mouzaya et les Beni-Sala. Dans nos lignes serait la tribu de Beni-Krelil et les petites tribus qui occupent le massif d'Alger.

Sur le front, Krachnah est une des plus grandes tribus de la Métidja. Elle occupe une partie de cette plaine, et s'étend fort avant dans les montagnes. Les Turcs estimaient qu'elle pouvait renfermer cinq mille hommes combattant à pied et sept cents cavaliers. Mais cette tribu nous est peu hostile; elle s'enrichit en nous ven-

dant ses produits, et les relations directes qu'elle aurait
à ce sujet avec le camp, et qui lui éviteraient cinq à
six heures de marche pour les porter à Alger, doivent
donner la certitude qu'un bataillon placé sur leur territoire entre l'Hamise et el Gadra y serait bien et solidement établi. Son effectif de quatorze cents hommes,
qui lui donnerait toujours mille combattants, le mettrait à même de résister plusieurs jours contre des forces
très-supérieures, mais dépourvues d'artillerie et agissant
sans unité. D'ailleurs, il pourrait être facilement se-
couru. Beni-Moussa ne peut pas mettre plus de mille
hommes à pied et cent cinquante cavaliers en campagne ; un bataillon, placé vers l'Arba, y serait donc en
sûreté, et pourrait prêter secours à celui de Krachnah,
en cas de besoin. Mais un escadron serait établi à la
belle position d'el Gadra, et ces trois corps se prêteraient
un mutuel secours qui les mettrait à même non-seulement de repousser les attaques, mais de marcher contre
les rassemblements qui se formeraient sur le territoire
de Krachnah, ce qui ne serait point probable si un
chef intelligent déployait une certaine habileté politique.
Un bataillon, établi près de Guérouaou, devant les
Beni-Meicera, garderait bien cette partie de la plaine,
car cette tribu n'a point de cavaliers ; et elle mettrait
au plus en campagne huit cents hommes à pied : les
Beni-Massoud qui habitent derrière elle n'ont que six à
sept cents hommes en état de combattre. Cette position
ne serait prise que pour commander tous les affluents
du Bou-Farich qui rendent ce terrain difficile à garder,
et pour prendre à revers le marché de ce nom, qui
deviendra un point des plus importants lorsque nous
aurons fait comprendre aux Arabes tout ce qu'un régime de paix, de justice et de force peut donner de

richesses. Si nous avions entretenu avec Blida de bonnes relations, les habitants garderaient eux-mêmes leur ville, car nous avons vu qu'ils sont sujets aux déprédations des Arabes. Malgré cela, aujourd'hui, un bataillon et une batterie d'artillerie doivent suffire, parce que le bataillon de Guérouaou ferait promptement et facilement une diversion en faveur de la ville. D'ailleurs, nous placerions un escadron sur la droite, vers la Chiffa, et un bataillon devant cette rivière, à la hauteur du Dascar-Hadjouté de Byrrath, pour appuyer le flanc droit de notre ligne. Cette portion de terrain, depuis Blida jusqu'à Byrrath, fait face aux tribus des Beni-Sala, Mouzaya, Soumata, Hadjout, et Beni-Mnad en seconde ligne. La première n'a point de cavaliers : c'est tout au plus si elle pourrait envoyer cinq à six cents hommes contre nous. Ouzra, qui est derrière elle, n'a pas plus de quatre cents hommes à pied à fournir contre nous. Les Mouzaya n'ont que sept cents hommes à pied et une vingtaine d'hommes à cheval. Les Soumata peuvent descendre de leurs montagnes au nombre de douze à quinze cents hommes à pied précédés d'une cinquantaine de cavaliers. Les Hadjoutes nous sont connus : ils sont cinq à six cents voleurs de grand chemin, dont trois à quatre cents à cheval, et en arrière, les Beni-Mnad qui, jusqu'à ce jour, ne se sont guère mêlés de nos affaires, ont près de deux mille combattants à pied et une centaine à cheval. Que pourraient ces faibles masses, séparées les unes des autres par des montagnes fortement accidentées ? et certes, on ne doit point douter que la ligne de Guérouaou à Byrrath, composée de trois bataillons, un escadron et une batterie, ne soit ainsi suffisamment gardée. Un escadron, formant réserve, pourrait encore camper à Bou-Farich.

La gauche de cette grande ligne aurait besoin d'être renforcée parce qu'elle prête le flanc à des tribus guerrières et très-peuplées, telles que les Ysser, les Flissa, les Amraoua et autres, au nombre de dix-neuf, obéissant à un chef célèbre par ses combats, Ben-Zamon, qui, d'après des renseignements turcs, pourrait rassembler, s'il y avait accord unanime, une vingtaine de mille hommes à pied et seulement quelques centaines à cheval. Mais ce chef, depuis 1832, n'a plus commis d'actes d'hostilité. En 1833, lorsque nous campâmes sur l'Hamise, il fut sollicité de marcher contre nous, et Ben-Zamon tint ce langage remarquable : Les Français ont-ils remué de la terre ? Sur la réponse affirmative, il dit : Quand les Français ont remué de la terre, les Arabes ne doivent point toucher à leurs fusils. En effet, nous ne fûmes point attaqués, et nous n'étions cependant entourés que d'un petit fossé qu'un homme aurait pu franchir. Cependant nous établirons un bataillon en potence, dont le front sera défendu par la rivière Hamise, et un escadron sera placé vers Ben-Nacouf, pour mieux soutenir la gauche de notre ligne.

Il ne faut point occuper Coléah. Comme position militaire, c'est inutile; et c'est une ville sainte que notre politique doit respecter.

En seconde ligne, nous aurions un bataillon à Maëlma, appuyant sa droite presqu'à la mer ; un escadron à Douëra pouvant se porter promptement dans la plaine; un bataillon à Byr-Kadem ; un escadron à Koubba ; un bataillon et une demi-batterie à la Maison-Carrée et un escadron à la Rassouta. En réserve, un bataillon et une demi-batterie à Delhy-Ibrahim ; un bataillon et une batterie à Alger.

Ainsi, dans ce système, onze bataillons, six escadrons et trois batteries me paraissent devoir suffire grandement à l'occupation du massif et de la portion de la Métidja comprise entre la Chiffa et l'Hamise. Les troupes en seconde ligne viendraient promptement et facilement au secours de la première ligne ; et comme les Arabes ne pourraient l'attaquer partiellement sans être vivement repoussés ; que les relations de commerce, qui seraient en même temps politiques, mettraient nos commandants de bataillon à même de connaître ce qui pourrait se tramer contre nous par les trente et une tribus de l'Atlas, les troupes stationnées sur le massif seraient toujours prévenues à l'avance du rôle offensif qu'elles auraient à prendre.

Mais j'ai la conviction que ce rôle de la seconde ligne serait tout à fait passif, et qu'en très-peu de temps, à l'aide de la politique, on pourrait, non pas diminuer le nombre des corps, mais réduire progressivement leur effectif : moyen économique et qui serait inaperçu des indigènes.

Il faut encore bien se pénétrer des divisions qui existent entre les tribus, du peu d'accord qui règne entre elles, même pour repousser l'ennemi commun, et se rappeler qu'en 1832, alors que le Schérif de Maroc les excitait ouvertement à la guerre, et qu'elles savaient que nos troupes étaient décimées par la fièvre, le soulèvement des tribus qui se trouvent dans un rayon de trois jours de marche ne produisit que quatre à cinq mille combattants à l'est, et deux mille cinq cents à trois mille à l'ouest, bien que ces tribus comptent environ cinquante mille hommes à pied, et huit mille à cheval pouvant prendre une part quelconque dans une insurrection. Ces faits et la réponse de Ben-Zamon indiquent bien leur faiblesse.

Je passe sous silence des détails et des dispositions qui sont la conséquence de cette organisation, de ce mode d'établissement et d'administration. Je le livre à l'examen des hommes sérieux, à ceux dont le jugement s'élève au-dessus des usages et des habitudes, qui cherchent le progrès sans considération personnelle; aux hommes politiques enfin dont le nombre s'augmente chaque jour si heureusement dans toutes les classes de la société. J'espère qu'ils trouveront que les moyens que nous proposons réunissent la simplicité, la force et l'économie : tel a été du moins notre but!

Je ne dois pas laisser passer sous silence une opinion que j'ai entendue professer en Afrique. Cette opinion consiste à faire dominer l'effectif de la cavalerie sur celui de l'infanterie. Ce serait, je crois, une faute. L'infanterie est l'âme des batailles; cette arme est essentiellement active; il n'y a point d'obstacle pour elle : tous les terrains lui sont bons. Contre le choc de la cavalerie c'est un mur de fer que rien ne peut entamer, et devant lequel vient expirer le courage de l'homme et la furie du cheval. Dans les marches, elle a moitié moins de besoins; son énergie lui appartient; elle peut souffrir les privations; on peut lui dire à elle : il est défendu d'avoir faim! Voyez les prodiges qu'elle a faits en Egypte! et cette compagnie de voltigeurs formée en cercle dans les plaines de la Moscowa et que n'a pu entamer les nombreuses divisions de cavalerie de l'armée russe! En Afrique, elle fera aussi bien! Et, si des malheurs arrivaient, un bataillon seul pourrait sauver l'armée. En n'opposant que de la cavalerie aux Arabes, les revers seraient sans remède. Et puis, ce peuple tire un admirable parti de son infatigable cheval. Avec sa tactique, il aurait bientôt fatigué notre cavalerie, et c'est alors qu'il reviendrait sur elle avec cette fureur acharnée qu'il a eu l'occasion de montrer quelquefois. Dans le combat corps à corps, le choc de ces deux êtres, le cheval et l'arabe, qui n'en font pour ainsi dire qu'un seul, pourrait avoir une force matérielle plus grande que celle de nos cavaliers, et si un revers avait lieu, il serait probablement désastreux. Il faut donc qu'en Afrique la cavalerie soit une arme auxiliaire, éclairant les marches, explorant le terrain, fournissant son action impétueuse et prompte en s'appuyant sur l'infanterie, et assurant le succès par une poursuite vigoureuse. D'ailleurs, les Numides ne soutiennent pas le choc de l'infanterie, a dit Tacite. Mais il serait peut-être bon d'avoir une batterie à cheval composée de pièces très légères. On ne devrait pas hésiter à en faire couler quelques-unes, spécialement destinées au service en Afrique.

SUR LA COLONISATION.

J'avoue d'abord que je me suis bien des fois demandé ce que l'on pouvait entendre par ces mots si souvent répétés : la colonisation d'Alger. J'invoquais tous mes souvenirs ; je consultais l'histoire de nos jours et celle des temps anciens, dans l'espoir d'être fixé sur l'application de ces mots, et croyant bien que ce n'était qu'après avoir étudié et approfondi l'existence et les développements des colonies que l'on demandait à grands cris à faire d'Alger une colonie française. Mais l'histoire, ce mentor des nations, me montra les Grecs, pressés dans leur étroit pays, émigrant en masse, débarquant sur des rivages peu peuplés, sinon inhabités ; s'y établissant à leurs risques et périls, et sans aucune protection de la mère-patrie dont ils étaient les enfants abandonnés, et dont ils se trouvaient pour toujours politiquement séparés. Chez les Romains, la colonisation se montrait sous une autre face. Rome, peuplée de citoyens riches et de citoyens pauvres, ayant tous des droits politiques, était tourmentée par cette dernière classe qui, se souvenant de la fondation de la ville, appelait toujours la loi agraire, et vivait, en l'attendant, des secours de l'Etat. Ne possédant rien, à la merci du premier agitateur qui pouvait leur distribuer des largesses, ces prolétaires étaient toujours menaçants ; et de là, pour Rome, la nécessité d'en-

vahir les pays voisins, d'en faire des provinces ro-
maines, de s'emparer violemment des terres des vaincus et de les partager entre le peuple, et souvent aussi
entre les soldats qui composaient ses légions. Tout romain étant, ou ayant été soldat, la colonie se trouvait défendue par elle-même; la domination assurée
par le courage et l'intérêt des colons, et surtout encore
par les idées politiques que chacun avait acquis en par-
ticipant plus ou moins directement au maniement des
affaires de l'état. Occupés toute leur vie de trois choses:
l'agriculture, la guerre et la politique, les Romains,
devenus colons, combattaient, labouraient et s'orga-
nisaient en même temps. De là, ce développement de
grandeur si admirable, si séduisant au premier coup
d'œil; cette facilité de conquérir et de conserver, et de
là aussi ces vastes provinces d'Afrique, acquises par
mille combats, mais soumises par la politique, conser-
vées et développées par cette puissance si ferme et si
sûre dans sa marche, si persévérante dans son but,
qu'elle atteint toujours; car une pensée parcourt le
monde, et en ce moment, j'apprends, hélas! jusqu'où
peut aller une armée *.

Nous ne sommes point encore dans la position des
Grecs, et nous ne pouvons être Romains! Nos lois
sur le recrutement et nos mœurs s'y opposent.

Aucun homme politique n'ignore comment s'est formée la colonie anglaise dans l'Amérique du nord, et
quels faibles hommes, sous le rapport de l'organisation en société, les colons rencontrèrent sur cette terre.
Personne n'ignore encore que ce n'est point l'épée qui
a soumis l'Inde aux Anglais, mais bien une compa-

---

* La retraite de Constantine.

gnie de marchands, appuyée par des baïonnettes qui
agissaient et agissent encore sous ses ordres. Et, n'est-
ce pas là une preuve de plus en faveur des idées politiques ? N'est-ce pas démontrer que la guerre ne doit
se faire que lorsqu'elle est la dernière raison, la nécessité imposée ? Transporter à la fois sur le sol afri-
cain des milliers de colons, ce serait la guerre de tous
les jours, de tous les instants, la guerre avec acharnement puisque chaque tribu a une patrie à défendre;
et cinquante mille soldats, qui coûteront quarante millions par an, sans compter les sinistres si fréquents
à la guerre, ne suffiraient peut-être pas ; car, ce peuple
est comme la mer : il s'ouvre pour laisser passer la
masse qui s'avance et se referme aussitôt derrière elle.
Et ces colons, qu'il faudrait au moins soutenir pendant quelque temps, combien de dépenses n'occasion-
neraient-ils pas ! Faut-il rappeler qu'en 1763, douze
mille Français furent transportés à la Guyane, colonie
très-susceptible d'un grand développement, qu'ils coû-
tèrent à l'Etat vingt-six millions, et que la misère, la
famine, le désespoir les réduisirent à deux mille après
une année de séjour. Faut-il d'ailleurs aller chercher
si loin ! N'avons-nous pas voulu établir des colons à
Koubba et à Delhi-Ibrahim ! Je les ai vus dans la misère la plus profonde, et cependant alors le massif
d'Alger était sûr; chacun d'eux n'en coûtait pas moins
deux mille francs par an à l'Etat. Il faut donc conclure
qu'il n'y a point de colonisation possible à Alger,
dans l'acception réelle de ce mot ; mais je suis loin de
dire que l'on devra n'en faire qu'un poste militaire.
Seulement, je demande que la France qui depuis cinquante ans a tout expérimenté, n'oublie pas ses propres leçons et celles de l'histoire. Je lui demande de

ne point se laisser aller à cette précipitation, à cette impatience dont elle devrait bien cependant être guérie ; qu'elle n'oublie point les désastres de la compagnie du Mississipi, de celles de l'Acadie, de la Guyane, etc. , et qu'elle sente qu'elle est arrivée à un point d'expérience qui doit la rendre méditative et prudente. Elle tirera de l'Afrique, j'en suis certain, tous les avantages que l'on peut en obtenir, mais ce n'est point nous qui sommes appelés à en jouir. Imitons le bon père de famille : travaillons pour nos enfants !

Nous avons vu que le massif d'Alger renfermait au moins vingt-deux lieues carrées sur lesquelles on trouvait toutes les conditions de salubrité nécessaires pour créer des établissements permanents. N'est-ce point assez d'abord ? Ce terrain nous fournira l'olivier qui manque en France, et les besoins de la mère-patrie, qui importe environ quatre millions chaque année, sont un encouragement assez grand pour la culture de cet arbre. Le mûrier nourrira des vers à soie, et nous tirons de l'étranger pour trente à quarante millions de francs de soie brute. La culture des légumes donnera des produits sûrs et journaliers ; en joignant à cela l'éducation des chevaux et des troupeaux, des moutons surtout qui fournissent une laine que nos fabriques rechercheront, et trente mille Français peuvent trouver, avant dix ans, sur le massif d'Alger, une fortune honnête et une seconde patrie. Le commerce avec les Arabes peut en occuper dix mille dans Alger. C'est le blé, l'orge ; ce sont la laine, les peaux, la cire, l'huile, qui peuvent être l'objet de spéculations. Ce sont ensuite les besoins des nouveaux Algériens que la France aura à satisfaire. Pendant ces dix années, le sol défriché, fertilisé ; des routes ouvertes dans toutes les directions ; de jolies fermes bien ombragées, entourées d'eau ; des arbres plantés sur les routes, viendront offrir aux Arabes des exemples qui ne seront pas perdus pour eux ; *parce qu'on ne les leur aura pas imposés*. Les tribus voisines, en s'enrichissant par le commerce qu'elles feront avec nous, voudront jouir aussi de leurs richesses. Ils voudront d'abord des arbres et de l'eau dans un climat où le soleil brûle et dessèche : ils en auront, on peut en être certain ! L'homme ne résiste pas longtemps au désir d'améliorer son sort ! Et puis les vieux Arabes auront passé. Déjà une génération nouvelle se sera levée. En entrant dans ce monde elle verra nos merveilles, et celle qui la suivra les imitera. Pendant ce temps, nous aurons étudié ce climat, ce sol ; nous aurons reconnu la plaine, nous l'aurons peut-être fait dessécher par les Arabes eux-mêmes comme cela commençait à avoir lieu en 1833. Alors, quand un excès de population européenne commencera à se faire sentir sur le Sahell, nous porterons nos troupes et nos limites au pied de l'Atlas, et nous livrerons à l'activité française quatre-vingts lieues carrées d'un sol connu, étudié, assaini, prêt alors à recevoir les richesses qu'on pourrait lui confier, et à les rendre avec usure. Alors, partant de la base solidement établie sur le Sahell, l'on n'aurait point à craindre les misères inévitables qui nous atteindraient aujourd'hui ; car, on ne peut trop le répéter : il n'y a pas même un arbre sur ce sol ! Le soleil, la fièvre et le vent du désert seuls nous y attendent. Et que de milliers d'hommes, attirés par un espoir insensé, ne seraient point sacrifiés, lorsqu'il n'y a pas un abri à leur donner ! Quel découragement ! Quel désespoir ! Et quel spectacle à offrir aux Arabes ! Le Gouvernement les soutiendrait-il ? Mais alors combien de nos millions faudrait-il pour construire des habitations, donner du pain, satisfaire aux besoins de la vie, créer des hôpitaux, fournir des médicaments, tout enfin ; et la France donnerait tout cela, car elle est humaine, elle est généreuse ! Elle oublierait que quelques hommes ont voulu renouveler les désastres de la trop fameuse compagnie du Mississipi ; elle ne verrait que des frères malheureux, et leur prodiguerait tous ses soins. Qu'on ne croie pas que ce tableau rembruni soit fait à plaisir. C'est ce qui est arrivé pour les quatre cent quatre-vingt-quinze colons que nous avons voulu établir à Delhy-Ibrahim et à Koubba ; seulement, l'échelle étant plus petite, il y a eu peu de retentissement. Mais si des milliers de colons étaient jetés à la fois sur cette terre, et si la France se livrait à cette spéculation, c'est alors que les désastres du temps de Law reparaîtraient, et que l'Europe, qui nous guette avec sa politique hostile, sourirait à nos inconcevables imprudences, dont elle se fortifierait.

Le développement de forces se lie intimement avec le développement d'Alger, et j'ai proposé huit bataillons pour garder tout le massif. Mais je dois avouer que, dans mon âme et conscience, six bataillons seraient bien suffisants. Seulement il faut que leur vie soit active, qu'ils soient toujours aux extrémités de notre territoire, et qu'une partie soit constamment en reconnaissance dans un certain rayon autour de chaque camp de compagnie. Ce service ne doit jamais être négligé un instant, quelques bons rapports que nous ayons avec les tribus voisines. Ces bataillons doivent en outre donner les premiers exemples de la culture des terres. Ils devront établir des jardins autour de chaque camp ; et qu'on veuille bien se rappeler que la terre ne manque pas. Ils devront planter des arbres autour de leur emplacement, et, devant le front de l'état-major de chaque bataillon, un lieu devra être désigné pour servir de marché. Ce lieu, bien choisi, offrira une fontaine que l'on fera sourdre facilement s'il n'en existe pas ; il devra être bien ombragé, et amené avec le temps, et par les soins gratuits des soldats, qui ne demandent qu'à être occupés utilement, à réunir la commodité et les agréments de notre industrie européenne. Ces marchés pourraient être fréquentés sans danger par les marchands d'Alger, et bientôt les Arabes demanderaient des charrues, des graines, des arbres, et un peu plus tard peut-être des chariots. A Alger, en avant de la porte Bab-Azoun, un grand et beau marché serait élevé aux frais de la ville ; ce pourrait être un grand carré ayant intérieurement une galerie couverte, au centre une belle fontaine, devant chaque face extérieure une autre fontaine, et tout l'édifice serait entouré d'une double rangée d'arbres sous laquelle les chevaux trouveraient du repos et de l'ombre ; car faire quelque chose pour le cheval d'un arabe, c'est faire beaucoup pour lui.

Si l'on persistait à vouloir porter immédiatement notre ligne de défense jusqu'au pied de l'Atlas, il est bon que l'on sache qu'une grande partie de la plaine ne serait point habitable avant dix ans, ou que l'on y trouverait toutes les misères que j'ai décrites précédemment. Ces misères atteindraient peu nos soldats ; mais elles frapperaient les malheureux Européens qui y viendraient en foule. A la description que j'ai essayé de faire des marais que renferme cette plaine, et qui en rendent une partie si insalubre, il faut ajouter que l'infiltration des eaux y est générale, et que pour l'habiter d'une manière fixe, il faut dessécher la contrée tout entière au moyen de réservoirs généraux et de canaux particuliers, et nous allons essayer de démontrer les difficultés de cette entreprise et sa durée, qui en éloigne pour longtemps les bienfaits. On ne peut pas estimer à beaucoup moins de seize cent mille mètres cubes les déblais et les remblais à faire pour exécuter ces travaux. Un homme ne peut pas déblayer plus d'un mètre cube par jour. On ne peut travailler dans la plaine que pendant les mois d'avril, mai et octobre, quinze jours de novembre et quinze de mars. Dans l'été, la terre présente des fentes profondes et larges, durcies par le soleil; dans l'hiver, elle est tellement humectée, amollie, qu'une canne y enfonce jusqu'à la pomme sans qu'on puisse bien souvent l'en retirer. Or, en admettant qu'on voulût terminer cette entreprise colossale en quatre années, il faudra employer trois mille trois cent trente-trois journées de travail et le même nombre de pionniers, autrement dit quatre mille pour couper les broussailles, remplacer les malades, etc. En composant les ateliers de 1/4 d'arabes, 1/4 de soldats à un franc par jour et moitié d'européens à deux francs, nous aurons une dépense de deux millions huit cent quatre-vingt mille francs à laquelle il faudra ajouter cinq cent mille francs pour baraquer ces travailleurs, pour achat et perte d'outils, etc., et si nous n'avons point de mécompte, si les Arabes ne viennent point interrompre nos travaux, cette dépense se montera à trois millions trois cent quatre-vingt mille francs. Ce serait peu de chose si tout se bornait là. Mais il faudra sur ces nombreux canaux construire des ponts, entreprendre des travaux d'art et tracer des routes, faire beaucoup de chaussées, et je n'ose plus, avec ma faible expérience, calculer toutes ces dépenses ; mais je persiste à croire qu'il faut dix années pour rendre la plaine habitable pour des Européens. Si nous étions bien établis politiquement sur le massif d'Alger, je n'hésiterais point à demander l'entreprise de ces travaux ; mais j'apprends chaque jour que ce terrain, si sûr en 1833 et 1834, est actuellement infesté par les arabes, et qu'on ne peut s'éloigner d'Alger sans escorte, tandis que nous le parcourions isolément dans un rayon moyen de six à huit lieues. Comment alors se jeter dans une immense plaine, entourés d'ennemis qui n'attaqueront pas en masse, mais qui briganderont, et qui connaissant bien la valeur offensive et défensive de ce terrain, nous causeront un dommage assez grand par le temps qu'ils feront perdre à nos travailleurs. Il faut donc aujourd'hui ajourner nos projets, que rien ne presse d'exécuter, hormis les brocanteurs de terre, et peut-être aussi la noble ambition de quelques militaires ; il faut défricher le Sahell, reprendre nos relations avec les tribus au moyen d'une politique toujours armée ; il faut *obliger les acquéreurs de terre à les cultiver ou à les faire cultiver ;* créer un gouvernement tout politique qui s'opposera à ce que l'Afrique se joue comme des actions à la bourse, et qui retiendra l'ardeur, bien louable sans doute, mais quelquefois inconsidérée, d'un petit nombre de militaires qui ne voient dans notre conquête d'Afrique qu'un théâtre où leur brillant courage peut se déployer. Alger et Bone, en 1833 et 1834, sont un exemple bien puissant de ce qu'un régime sage et doux peut obtenir. Sera-t-il perdu pour nous ?

6

Abandonnons donc les rêves dont on s'est bercé jusqu'à ce jour. Repoussons pour un temps l'espoir douteux d'obtenir de ce sol les produits intertropicaux. Contentons-nous d'avoir d'abord ce qui nous manque: l'huile et la soie. Ce sont déjà deux belles sources de richesses, et je veux bien croire que le patriotisme du midi lui fera consentir à les échanger contre ses vins. Mais surtout bridons l'ardeur des hommes avides, de ceux qui ont dit : Il me faut dans cinq ans tant de milliers de francs de rente en Afrique. Ces hommes, je le répète, veulent renouveler les désastres de Law, et peu leur importe le sang et l'or de la France, si les terres qu'ils se sont procurées leur apportent les richesses qu'ils ambitionnent ! C'est ainsi que nous avons vu des valets de l'armée posséder en trois années, maisons de campagne, chevaux, etc., et c'est ainsi que sous Law les valets de chambre et les cuisinières achetaient les domaines de ceux qu'ils servaient. Renonçons donc à ces folies ; devenons un peuple sage et politique, et ce ne sera pas l'Afrique seule, mais le monde qui sera à nous !

SUR LA CIVILISATION.

L'Afrique est-elle donc un corps expirant sur lequel un peuple puisse se jeter comme une volée de corbeaux ? Est-ce donc une masse granitique que le jeu seul de la mine puisse briser? L'Arabe d'Afrique a-t-il une tête de fer, un cœur d'acier? Est-il un autre homme que son frère d'Egypte? Est-il autrement trempé que tous les enfants de Mohammed ? N'est-il point impressionnable au plus beau spectacle de ce monde : celui de la nature? N'a-t-il point de sensations? N'éprouve-t-il point d'émotions ? Ne comprend-t-il aucunes jouissances? Ah ! s'il en était ainsi, ce ne serait point une créature humaine. Mais l'esquisse que j'ai faite de ce peuple doit nous rassurer. Il sent, il pense, il observe, il médite. Il tient peu à l'existence, mais il aime la vie. Il est avide de richesses, mais son luxe est dans ses troupeaux, dans ses chevaux, ses armes. Il est né poète, et sa riche imagination, à défaut d'autres objets qui l'attirent, chante les fleurs, les eaux, la verdure, les forêts. Son prophète lui a fait un paradis de ces délicieuses choses. S'il les désire tant dans l'autre monde, pourquoi ne les chercherait-il pas dans celui-ci? Et Mohammed ne le lui a pas défendu ! Voici la base de la civilisation africaine, celle que l'Arabe comprendra, saisira, s'appropriera si nous savons la lui présenter.

Le temps, les relations avec les Européens, les richesses qu'il acquerra feront le reste, et le développement de ses idées amènera le développement de ses besoins. C'est là, je crois, la civilisation qu'on veut lui apporter, car autrement, je ne craindrais pas d'affirmer que ce peuple est organisé politiquement et plus solidement que l'étaient jadis les nombreuses républiques de la Grèce.

J'ai toujours pensé que pour civiliser un peuple il fallait commencer par civiliser un homme, et j'affirme que pendant mon séjour en Afrique j'ai vu qu'il n'était point très-difficile d'atteindre ce but. La position que j'occupais alors me permettait de voir beaucoup d'arabes et d'avoir avec eux des relations presque journalières. J'ai vu quelques-uns de ces hommes conserver leur caractère farouche et répondre aux avances du général en chef qui les entretenait du dessèchement de leurs marais et de la création d'habitations pour leur usage : Nous ne craignons point la fièvre et nous aimons nos marais ; nous ne voulons point de tes maisons, nos tentes sont plus commodes ! Mais tous ne tenaient point ce langage. Un, entre autres, homme distingué par sa naissance, et très-considéré dans tout le pays depuis Constantine jusqu'à Oran, réfugié à Alger, s'approchait souvent du général en chef, était admis à sa table, et se montrait disposé à vivre au milieu de nos mœurs. Cet Arabe réunissait toutes les qualités qui pouvaient le rendre un des premiers anneaux de la chaîne qui doit unir dans des temps plus ou moins éloignés, l'Occident et l'Orient. Il nous fréquentait beaucoup. Je me rappellerai toujours quel plaisir sa physionomie exprima quand je lui montrai de jolies lithographies représentant des vues de nos plus délicieux paysages d'Europe. C'était souvent le sujet de nos conversations. Des cartes géographiques, des sphères, des boussoles, des instruments de mathématiques fournissaient aussi fort souvent un sujet à ses méditations et à nos entretiens. Quelque temps après, il pria le général en chef de venir le voir, et il lui présenta ses femmes : chose inouie ! Et, à quelques jours de là, il conduisit ses femmes chez le général, et passa toute la soirée avec elles au milieu d'un petit cercle choisi. Elles virent nos usages sociaux, nos jeux, nos danses, et elles montrèrent un tact et une dignité qui nous surprit. Certes, c'était franchir le pas le plus difficile : la civilisation commençait en Afrique ! Bientôt un plan fut adopté par le général en chef, et cet Arabe devait en être l'exécuteur. Ce plan consistait à réunir dans la plaine de la Métidja, les Arib, tribu de l'est, qui, pressée sur son territoire, envoie ses enfants servir dans les autres tribus, comme les habitants de la Savoie descendent chaque année de leurs montagnes pour trouver une existence dans nos provinces. Il reçut un commencement d'exécution. Une trentaine de tentes furent réunies ; on était sur le point d'avoir un village arabe sur lequel le pavillon de la France allait flotter ; une alliance avait été formée avec les tribus voisines de Krachna et de Beni-Moussa ; leurs Caïds nous étaient dévoués ; celui de Bou-Farich l'était aussi de cœur et d'âme, et avec des soins, de l'habileté, quelqu'argent, peu, je puis l'affirmer, on pouvait à peu près calculer l'époque à laquelle la Métidja serait assainie par les Arabes, et plus sûre peut-être que nos Champs-Elisées pendant la nuit. Mais des représentations accablèrent de tous côtés le général ; on créa mille entraves; l'intrigue s'agita, on dénonça, on calomnia ; on accusa par écrit cet Arabe d'avoir voulu embaucher des soldats ;

on le mit, fort heureusement pour lui, en face de ses dénonciateurs : ils tombèrent à ses pieds ! (*Historique.*)

Je livre ces faits aux réflexions des hommes graves : l'examen qu'ils en feront, les conséquences qu'ils en déduiront, vaudront mieux que tout ce que je pourrais ajouter.

J'ai vu d'autres Arabes qui se laissaient aller, avec un certain plaisir, à des relations sociales ; qui paraissaient prendre goût à des causeries sur les sciences, sur l'agriculture, jetées comme par hasard ; à voir surtout nos jolis villages si bien rendus par la lithographie ; à entendre converser sur leur belle histoire ; célébrer le génie de Mohammed, le plus grand homme des temps anciens et modernes, dont on a invoqué le nom depuis la Mer Rouge jusqu'aux portes de Tours, et qui règne encore sur 96 millions d'hommes. Ils aimaient à entendre un chrétien dérouler cette brillante histoire, apprécier et prononcer les grands noms d'Abu-Bekr, d'Omar, de Moaviah, d'Abdulmelek, le conquérant de l'Afrique septentrionale, et de Walid, qui s'embarqua sur ses côtes pour aller détruire en Espagne, et dans une seule bataille, la grande monarchie des Wisigoths. Un marabout causait quelquefois religion ; je me rappelle encore le mouvement qu'il fit après avoir écouté la comparaison suivante : La tête représente Dieu ; le bras droit l'Orient, la main et ses doigts les divers peuples qui l'habitent ; le bras gauche et sa main l'Occident et les diverses nations chrétiennes ; eh bien ! la tête ne dit-elle pas à chaque instant aux deux bras : Aidez-vous ! Il mit spontanément ses deux mains dans les miennes.

Fermement persuadé que, pour civiliser un peuple,

il faut commencer par civiliser un homme, je crois, par le peu d'expérience que j'ai acquise en Afrique, que les Arabes, gens si impressionnables, écouteront avec avidité notre langage, quand nous les aurons assez étudiés, pour comprendre le genre d'idées qui leur est propre, et faire vibrer les cordes sensibles de leur imagination. Quand nous aurons mis, dans nos rapports avec eux, cette gravité, cette réflexion, ce sentiment de conscience qu'ils apprécient fortement, et qui n'exclut pas le pittoresque, le brillant, l'image. Quand, nous attachant à quelques hommes, nous les aurons pénétrés de nos connaissances, sans qu'ils s'en doutent surtout, et que nous laisserons tomber sous leurs regards curieux des objets utiles d'abord, dont ils désireront faire l'application. Plus tard, le tour des objets de luxe viendra.

Il est une classe d'hommes qui doit contribuer bien puissamment à la civilisation : je veux parler des médecins. Cette profession jouit, chez les Arabes, de toute la considération qu'elle mérite. Le médecin européen peut parcourir l'Afrique, certain d'y trouver bon accueil et protection. Dans ses courses, chaque tribu le conduirait avec honneur vers une tribu voisine. Que nos jeunes médecins se livrent donc à l'étude de la langue arabe; que, mus par le noble désir d'être un des rouages de la grande machine qui conduit l'espèce humaine à un meilleur avenir, ils portent leur science et leurs connaissances si variées sur cette terre disposée à les recevoir; que, gens d'esprit et de tact, ils sèment, çà et là, des idées qui germeront sur ce sol, et donneront des fruits que l'Europe recueillera. De jeunes officiers instruits s'associeraient bien volontiers à cette mission, et rapporteraient des détails utiles pour la géographie, la statistique et l'histoire. Il y a le beau rôle de Victor Jacquemont à jouer en Afrique, avec moins de difficultés peut-être, mais bien certainement avec plus de sûreté personnelle. L'heureuse idée de la création d'une ambulance à Bou-Farich, dont bien malheureusement on n'entend plus parler, était la porte ouverte à nos médecins pour s'élancer au delà de l'Atlas. En créant une ambulance auprès de chacun de nos bataillons, et en faisant savoir aux Arabes qu'ils y trouveront des secours et des médicaments gratuits, chacun de nos avant-postes deviendrait un foyer de civilisation, comme il serait déjà un moyen d'échange d'objets matériels par l'établissement d'un marché.

L'emploi des fonds secrets portés au budget d'Afrique, doit encore être un moyen de civilisation. Faire des présents en argent est, ce me semble, une faute, car ce métal est de tous les pays. Les présents devraient consister d'abord en armes, non de guerre, mais de chasse, et nos fusils à deux coups, avec des crosses bien sculptées, seraient reçus avec admiration. On pourrait y ajouter déjà des tasses en porcelaine, bien bariolées d'or, et d'autres offrant de jolies peintures, mais représentant toujours des habitations entourées d'eau, d'arbres et de fleurs ; des cafetières de même nature ; d'autres en argent, en vermeil, avec des sujets en relief. Un peu plus tard on donnerait nos jolis articles de bijouterie, des tabatières, des pipes, et on commencerait à y ajouter quelques produits de nos manufactures. On parviendrait ainsi à acclimater nos objets ; et, avant dix ans, la France aurait un débouché de plus en Afrique.

Un autre moyen encore consisterait à avoir un établissement situé près de l'habitation du gouverneur, et -

qui serait disposé pour héberger les principaux arabes,
pendant leur séjour à Alger. Tout en leur donnant les
moyens de vivre selon leurs usages, il serait bon de
mettre en regard les nôtres, dont ils pourraient user
s'ils le voulaient. A côté de la natte serait un joli lit, de
bons fauteuils, des glaces, des ornements, des gravures
représentant l'histoire des Arabes ; et, si je ne me
trompe, n'en resterait-il pas toujours quelque chose
dans leur esprit ?

Ce serait sortir du plan que je me suis tracé que
d'énumérer tous les motifs et tous les moyens qui me
donnent foi en la civilisation des Arabes. Elle se fera
sous un gouvernement politique, à l'aide de quelques
hommes, missionnaires prudents des idées européennes.
Qu'on réfléchisse sur le christianisme ! Douze pauvres
apôtres ont civilisé la moitié de la terre par la seule
puissance d'un langage simple et vrai. Aujourd'hui,
notre tâche est bien au-dessous de celle-là, car nous ne
voulons point toucher à la religion de Mohammed, nous
la respecterons, nous contribuerons à son éclat, comme
vient de le faire si heureusement un de nos princes ;
mais nous réconcilierons l'Orient et l'Occident, nous
rendrons aux Arabes l'usage des sciences et des arts,
dont ils nous ont donné les premiers principes, et nous
concourrons ainsi aux œuvres de Dieu, qui a fait de
tous les peuples une seule famille.

Le moment est venu ! Les enfants de Mohammed
voient leurs mœurs, leurs usages, leurs coutumes s'é-
crouler. Que les Turcs s'européanisent ; c'est un faible
exemple pour notre Afrique ! Mais l'Egypte, contrée
arabe, marche à grands pas dans les voies de la civilisation. Chacun de ses pas retentit dans l'Algérie. Abd-
el-Kader y a été puiser des leçons ; tous les Arabes sont

dans l'attente ; une sorte d'inquiétude les saisit ; l'anarchie morale est chez eux ; marchons donc au secours
de ce peuple ; présentons-nous à lui comme des
frères, et il ne nous repoussera pas : soyons-en
certains !

Il ne faut pas croire que la religion soit une barrière
insurmontable ; ce serait une grave erreur que l'étude
du Coran peut dissiper. Mohammed, dans ses versets,
fait une guerre acharnée aux infidèles, mais il faut
savoir qu'il a établi sa religion sur les débris du polythéisme qui régnait alors chez les Arabes. Aussi, dans
chacun des chapitres de ce code religieux et politique,
est-ce contre les peuples qui croient à plusieurs dieux
qu'il s'élève. Dans le chapitre du pèlerinage, il s'écrie :
« Tous les idoles que vous adorez ne pourraient pas
» créer une mouche quand ils seraient tous assemblés
» pour ce faire, » etc. Dans le chapitre des vrais
croyants, il dit : « Nous avons donné à Moïse (c'est
» Dieu qu'il fait parler) le livre de la loi pour qu'il
» conduise les enfants d'Israël au droit chemin. Nous
» avons créé Jésus et Marie sa mère ; ils sont signe
» de notre unité ; nous les avons établis en un lieu
» élevé, où ils se sont arrêtés auprès d'une fontaine.
» O Apôtres et Prophètes, mangez des fruits de la terre
» et faites bien ; je sais tout ce que vous faites, votre
» loi est une seule loi, et je suis seul votre Seigneur. »
Plus loin Mohammed dit : « Les paroles de l'Alcoran
» contiennent-elles quelque chose qui n'ait pas été
» ordonné à mes prédécesseurs » (Moïse, Jésus et les
Prophètes), etc., et c'est là qu'il a puisé la doctrine de
l'unité de Dieu, et ses principes de morale, qui sont en
grande partie ceux prêchés par Jésus-Christ. Qu'on ne
croie donc plus qu'il existe une séparation infranchis-

sable entre les Chrétiens et les Mahométans. L'Islamisme est fils du Christianisme, et quelques entretiens de philosophie religieuse parviendront assez facilement à prouver aux Arabes que la seule différence entre les deux religions tient au climat qui engendre des mœurs diverses, et que les deux peuples sont frères en Dieu. Pour appuyer mon opinion, je crois devoir rapporter le chapitre des infidèles, qui ne contient que six versets.

« Au nom de Dieu, clément et miséricordieux.
» O infidèles idolâtres, je n'adore pas ce que vous
» adorez, et vous n'adorez pas ce que j'adore ; je
» n'adorerai pas ce que vous adorez, et vous n'adorerez
» pas ce que j'adore ; vous observez votre loi et moi
» la mienne ! »

Peut-on trouver dans ces paroles les principes de cette haine implacable, poussée jusqu'à l'extermination, que l'on croit généralement devoir être prêchée dans le Coran ; et ces versets s'adressent aux peuples qui suivent le culte des idoles. Peut-on bien encore douter que quelques hommes de foi et de prudence ne parviennent un jour à réconcilier deux religions dont les coutumes et les mœurs font la principale séparation? Cela ne me paraît point impossible, quand on réfléchit attentivement à ce travail de l'esprit humain qui se fait sentir chez tous les peuples. L'Afrique sera bien certainement une des dernières à marcher dans la voie de la civilisation, mais elle y marchera, et l'Egypte est trop près d'elle pour qu'elle ignore les rapides progrès que fait ce peuple. Les relations avec la France, quoique puissance ennemie jusqu'à ce jour, laissent dans les esprits des germes qui fructifieront. Le pèlerinage à la Mecque et Médine, que chaque Arabe est obligé de faire au moins une fois dans sa vie, aidera encore aux progrès de la civilisation, car le pays de Méhémed est sur le chemin ; et nous, n'avons-nous rien rapporté de la Palestine ? Croyons, et nous réussirons !

SUR LA POLITIQUE.

J'avais eu l'intention de traiter ce sujet aussi complétement que cela m'est possible. Je voulais présenter les divisions qui existent entre les tribus ; grouper toutes celles que nous pouvons faire agir contre celles qui se montrent nos ennemies les plus implacables. J'aurais dénombré leurs forces respectives, et prouvé par là qu'il n'est point en Afrique d'ennemi que nous ne puissions détruire en nous servant habilement du temps, de l'argent, et surtout des divisions qui doivent être la base de notre politique et nous épargner des expéditions qui n'auraient pas un but bien précis et indispensable à atteindre. Mais le malheur qui nous a frappé dans notre marche sur Constantine, l'irritation que cet événement, qui est pourtant assez fréquent à la guerre, a développé parmi nous, me fait un devoir de renoncer à publier mes réflexions sur les ressources que la politique nous offre. J'ai commencé cet opuscule lorsque j'ai vu que l'expédition était définitivement résolue. Mon but était de faire entendre quelques paroles sérieuses au milieu de l'enivrement que cette conquête allait causer. Après la chûte de cette ville, et l'anéantissement de Ahmed, j'aurais prouvé qu'on serait parvenu au même résultat, sans mettre un soldat en campagne, de même qu'on aurait pu occuper Bougie sans coup férir, appelés par les Kabyles des montagnes environnantes ; mais s'il est utile et bon de faire entendre à des vainqueurs une voix qui les empêche de s'oublier dans la prospérité, le malheur ne le permet point !

Nous irons à Constantine : maintenant il le faut ! Mais quand nous aurons abattu les portes de cette ville, nous adresserons cette proclamation à tous les habitants de la contrée.

« Les Français pouvaient détruire Constantine, n'y
» point laisser pierre sur pierre, s'emparer des richesses
» qu'elle renferme. Ils pouvaient poursuivre sans relâche
» Ahmed et ses partisans, les exterminer un à un. Ils
» pouvaient ravager les terres, s'emparer des troupeaux
» et vous disperser tous comme le sable du désert de-
» vant le souffle du Simoûn : ils ne le veulent pas ! Ils
» ne veulent pas que les innocents souffrent pour les
» coupables ; ils ne veulent pas réduire à la misère des
» femmes et des enfants, des vieillards trop sages pour
» ne pas vous avoir conseillé la paix ; vos respectables
» Marabouts qui savent que tous les hommes viennent
» de Dieu, qu'ils sont tous frères quoique professant
» des religions différentes. Ces Français, que des
» hommes pervers vous dépeignent comme des enne-
» mis, vous apportent la paix, et avec elle le bonheur
» qu'elle procure et les richesses qui en sont la suite.
» Deux hommes seuls en seront exceptés : Ahmed et
» son lieutenant. Que tous les Arabes rentrent donc
» chez eux ; qu'ils se livrent en toute sécurité à leurs
» travaux, et ils trouveront des amis dévoués dans les
» Français ; car eux aussi disent, ainsi que votre grand
» prophète : Au nom de Dieu, clément et miséricor-
» dieux ! »

Il y a dans ce chapitre deux grandes questions à traiter : la nationalité des Maures et celle des Arabes. Je suis bien loin d'oser me permettre de les approfondir, et puis il faudrait un livre pour cela et je n'ai que quelques pages à écrire. Cependant, j'essaierai encore, comme je l'ai fait jusqu'à présent, à donner à penser sur ces graves sujets. J'admets que nous soyons maîtres de toute l'Afrique : que ferons-nous de ce peuple ? Des gens taillables et corvéables ? Nous pourrions en tirer peut-être dix millions de contributions personnelles ; le commerce pourrait donner à la France un bénéfice net de vingt à trente millions (je suppose toujours que nous possédons sans opposition tout le pays) mais le budget de l'Algérie s'élèverait au moins à soixante millions, dont quarante pour les troupes. Ce ne serait pas trop que vingt millions pour avoir un Gouverneur général à Alger avec une administration centrale, des gouverneurs particuliers à Bône, Oran, Constantine, Médéah, Biscara ; des subdélégués sur une vingtaine de points, toujours avec des administrations assez coûteuses ; puis ensuite viennent les travaux militaires, les travaux publics, etc. Et chacun voudrait des emplois en Afrique : car il en serait comme au rocher de Bougie, où une administration complète arriva en même temps que les soldats chargés de s'emparer du pays. Refouler les indigènes ? Ils sont trois à quatre millions au moins, et derrière eux, tout près, est la mer de sable. Les préparer à devenir un jour une grande nation ? Ah ! Voilà un grand et noble but, bien digne de la France ! But que l'on peut atteindre sans guerroyer, sans jeter des millions par poignées, par l'influence bienfaisante des idées et des exemples. Voyez l'Egypte ! Elle est Arabe, et elle devient une

nation par le génie d'un grand homme et l'influence
d'une armée française. Et peut-on ne pas voir que l'Europe gagne beaucoup plus à cette nationalité nouvelle
qu'à une colonie française ou anglaise. Sous l'influence
de ce qui se passe aujourd'hui dans le monde, on
peut être certain qu'il se trouvera chez les Arabes
des hommes qui iront prendre des leçons auprès de
Mehemed *, et ces hommes s'appuieront naturellement
et nécessairement sur nous pour réunir les tribus épar-
ses en une grande famille.

Viennent les Maures ! On les a, je crois, bien sé-
vèrement jugés. On n'a point assez remarqué qu'ils
étaient nation vaincue, dépouillée ; que, pour vivre à
côté de leurs maîtres, ils devaient faire abnégation de
toutes qualités, de toutes vertus publiques ; que c'est
à cette condition seule, condition tacite, mais pesante,
qu'ils ont dû un peu de sécurité. Ils vivent dans la
mollesse : je l'admets ! Mais que leur était-il permis de
faire ? Ils sont fourbes, astucieux, intrigants : qu'on
me dise si l'esclave livre son esprit à son maître ? Et
puis, toutes ces races ne passeront-elles pas ? Que sont
donc cinquante, cent années dans la vie d'un peuple ?
Ne sommes-nous pas les fils des serfs du moyen âge,
et que de nobles hommes parmi nous !

Soyons dignes du degré de civilisation auquel nous
sommes parvenus. Que les leçons que les siècles passés
nous ont léguées ne soient pas perdues pour nous. La
décadence de Rome date peut-être de la colonisation
de l'Afrique : tout son sang, tout son or s'y porta, et
cette terre devient le théâtre de divisions profondes et

---

* Après la conquête, Abd-el-Kader a fait le voyage d'Egypte, où
il est resté un an.

implacables qui séparèrent les généraux romains en deux camps, et qui compromirent plus d'une fois la république. Méditons sur l'état actuel de l'Europe ; jugeons notre situation au milieu d'elle, comprenons notre grandeur ; elle est dans notre heureuse position compacte, et prenons bien garde de la compromettre. Ne nous laissons point éblouir par un mot orgueilleux : la Méditerrannée doit être un lac français ! Civilisons ses bords et il sera alors tout Français, car il n'y a qu'un Marseille sur cette mer et une France pour satisfaire aux nombreux besoins de la civilisation. Mais surtout procédons lentement, et n'oublions pas que le temps est la première source de tout succès et de toute richesse.

SUR LE GOUVERNEMENT D'ALGER.

J'espère être parvenu à démontrer, par tout ce qui précède, que le Gouvernement d'Alger doit adopter un système tout politique, mais appuyé sur une armée rendue aussi active que notre caractère européen le comporte, de manière à se montrer partout, et prête à suivre, pour ainsi dire, au pied et à l'œil, ses infatigables adversaires. Chaque commandant de bataillon, muni d'instructions politiques et militaires, pourrait devenir responsable de tout ce qui se passerait dans sa circonscription. La sécurité renaîtrait bientôt, et le massif d'Alger serait promptement habité par d'utiles producteurs. L'administration civile pourrait être simplifiée et composée de quelques bureaux sous la direction d'un intendant. Un Conseil de Gouvernement serait créé à l'instar de nos Conseils de préfecture, et quelques auditeurs pris parmi de jeunes licenciés en droit feraient les fonctions de secrétaires-interprètes, et seraient les rapporteurs des affaires civiles et contentieuses. Un bureau spécialement chargé des affaires politiques devrait faire partie du cabinet du gouverneur, et n'en devrait jamais être séparé ; car c'est de là que la civilisation doit partir, et la pensée du gouverneur doit constamment le diriger. Mais point de titres pompeux pour les employés des divers services. Ils ne servent qu'à augmenter l'ambition naturelle ; ils font élever des prétentions, et disposent ceux qui en sont revêtus à se croire le droit de donner des conseils, de faire même des remontrances. De là la désunion, souvent le mécontentement, et la résistance inerte que l'on oppose à l'impulsion de l'autorité supérieure. En Afrique, on a pu voir souvent cette fâcheuse disposition des esprits qui, mus d'abord par un motif louable, deviennent coupables pour ne pas savoir obéir contrairement à leur opinion : et pas une de nos paroles, pas une de nos actions n'échappent aux Arabes ! De là encore, ces correspondances qui font mal à lire, que les journaux devraient repousser, ne fût-ce que pour notre honneur national, et qui reviennent en Afrique où elles sont traduites par les juifs, et portées, je puis l'affirmer, à la connaissance des indigènes. Et si l'on savait ce que les Arabes pensent de nous, quelle épithète ils nous appliquent, on n'hésiterait pas un instant à renoncer à ces publications et à ces discussions qui ont des conséquences si fâcheuses, car elles sont un obstacle à la pacification du pays, et elles font couler notre sang et notre or. Un Arabe me disait : Quelle confiance veux-tu que nous ayons, puisque vous-mêmes n'en avez pas ? Vous vous déchirez les uns les autres ; vous ne respectez pas le grand chef (général Kébir) ; il n'est pas le maître ; d'autres chefs disent qu'ils ne veulent pas ; et puis vous parlez tous en même temps, vous gesticulez ; on ne vous comprend pas, etc., etc. Ce peuple, qui, malgré ses vices, a une haute idée de la dignité de l'homme, était disposé, après avoir éprouvé la supériorité de nos armes, à nous reconnaître pour protecteurs ; car il a besoin de nous ; et c'est un besoin que l'anarchie qui y règne lui fait vivement sentir. Mais il veut être protégé par un pouvoir vraiment fort, et c'est de l'ordre qu'essaient de faire Abd-el-Kader et Ahmed ; mais ils veulent en faire à leur manière, fort heureusement pour nous, et les divisions, qui séparent les tribus, sont trop tranchées aujourd'hui pour qu'ils puissent réussir bientôt à faire reconnaître leur pouvoir. Il est donc temps encore pour l'établissement du nôtre, et les Arabes le reconnaîtront, peut-être parce que nous sommes chrétiens ; c'est-à-dire étrangers à leurs passions haineuses, et par cela désintéressés dans notre protection. J'appuierai cette opinion par un fait auquel je n'attachai pas d'importance dans le temps, et que mes réflexions depuis ont grandi à mes yeux. Des Arabes fréquentant le marché de Bou-Farich, me demandèrent un jour si je voulais être leur Caïd : Tu viendras le lundi présider le marché, me disaient-ils ; nous te ferons une garde de trente cavaliers, qui ira te chercher à Ben-Chaoua et qui te reconduira jusque-là. Tu feras la police, tu jugeras nos différends, et tu percevras la contribution. Leur ayant démontré l'impossibilité où j'étais d'accepter, à cause de mes fonctions auprès du Général en chef, je désignai un jeune sous-officier, qui était aussi attaché au cabinet du général. Cette proposition n'eut pas de suite, mais je la crois significative et digne des méditations des hommes politiques.

Dans une partie de cet opuscule, j'ai jeté en avant le mot de dictature, et ce qui précède doit m'aider à justifier mon opinion. Je ne crains pas d'invoquer ce pouvoir, quoique ce nom ait été bien odieux, parce que nous vivons dans un temps trop éclairé pour que

l'on ne sache pas généralement quelles étaient chez les
Romains les limites de cette institution. Je me bornerai à rappeler que le pouvoir du dictateur n'allait point
jusqu'à changer les lois, attenter à l'autorité du sénat
ou à la puissance du peuple. Seulement, il s'élevait
au-dessus d'eux, leur commandait, mais ne pouvait
rien faire de contraire aux institutions fondamentales
de la république, et il ne lui était pas permis de
prendre des fonds dans le trésor sans un ordre. Il dé-
libérait seul et imprimait ainsi au gouvernement une
impulsion plus ferme et plus rapide qui imposait aux
agitateurs. Ce pouvoir fut toujours favorable à Rome,
et l'aida à sortir des circonstances graves qui si souvent compromirent sa grandeur, sa sécurité ou même
son existence. La république eut quatre-vingt-trois
dictateurs, et deux seulement, Sylla et César, lui
portèrent dommage : alors la corruption avait préparé
la tyrannie. Il faut remarquer quelle similitude il existe
entre Rome surgissant en Italie au milieu de peuples
braves, mais qu'aucun lien politique ne réunissait, et
la France, mettant le pied en Afrique au milieu de
tribus guerrières, mais sans unité gouvernementale.
Certes, si nous voulions déployer toutes nos forces, la
ressemblance de position n'existerait pas ; mais si dans
l'état actuel de l'Europe, et avec les passions politiques
qui nous agitent si malheureusement, nous jugeons
qu'il soit sage de rester compactes et de maintenir nos
forces réunies, alors il faut reporter nos regards sur
Rome naissante, étudier son admirable politique qui,
pendant les premiers temps, lui tint lieu d'armée et de
trésors ; il faut étudier encore son organisation militaire qu'elle sut plier aux circonstances et au caractère des peuples qu'elle avait à combattre, et juger

par le développement de grandeur qu'elle atteignit, celui que nous atteindrons, et avec beaucoup moins d'efforts. Il faut choisir entre ces deux systèmes : se développer en Afrique comme Rome s'est développée en Italie, ou se précipiter sur l'Afrique comme elle le fit en déployant des forces immenses. On sait jusqu'où elle parvint par le premier moyen, et j'ai déjà indiqué que le commencement de sa décadence date du second. Dans les deux cas, il faut toujours un pouvoir fort : la dictature militaire, dont est revêtu tout général d'armée en pays ennemi ; et ce pouvoir pourrait être déterminé par une loi qui fixerait sa durée, en tracerait les limites entre lesquelles le gouverneur pourrait agir avec toute autorité, mais sous sa responsabilité personnelle.

Entre autres dispositions que cette loi pourrait prescrire, il en est trois surtout que je crois devoir présenter.

Une de ces dispositions autoriserait le gouverneur à refuser le débarquement dans nos possessions sur la côte d'Afrique, à tout Européen qui ne représenterait pas un certificat de son Gouvernement, constatant sa moralité, ses moyens d'existence, ou qu'il possède un état.

La seconde autoriserait le gouverneur à expulser du pays tout Européen dont la conduite serait nuisible aux intérêts de l'occupation : cet acte pourrait être pris en conseil. Cette mesure s'appliquerait aux militaires, et, dans tous les cas, il en serait rendu compte au ministre.

La troisième aurait pour but d'empêcher l'introduction d'écrits imprimés, périodiques ou autres, contenant des discussions ou des correspondances qui se-

raient de nature à troubler l'ordre, à jeter le blâme
ou le mépris sur l'autorité, et à nous nuire vis-à-vis
des indigènes.

L'utilité étant la base de toute législation, ces articles ne seront pas repoussés, je l'espère, surtout par
les hommes qui connaissent l'Afrique. Ils ont pu voir
trop souvent l'autorité supérieure harcelée, fatiguée,
entravée dans ses actes, pour ne pas avoir senti le
besoin d'y voir créer un pouvoir fort et tellement haut
placé qu'il puisse dominer, *par sa nature même*, plus
encore que par son action, cette masse d'Européens,
appartenant à toutes les positions, que l'intérêt seul
attire, et encore passagèrement, sur cette terre. Ces
trois dispositions sont d'ailleurs fondées sur la loi du
10 juillet 1791, qui a déterminé les pouvoirs du commandement militaire dans l'état de guerre et dans l'é-
tat de siége, et elles sont d'autant mieux applicables
en Afrique, que les Européens, qui viennent s'y fixer,
n'ont pas le droit de réclamer l'état politique dont ils
pourraient jouir dans leur pays. Protection, telle est
la seule chose qu'ils puissent demander.

L'expérience que nous avons acquise depuis six ans
doit suffire pour nous montrer ce que doit être l'homme
appelé à gouverner l'Afrique. Je ne retracerai pas ce
portrait de fantaisie qui a fait faire cette judicieuse réponse : Si un tel homme se trouvait, il faudrait le
garder pour nous. Je me bornerai à dire que cet homme
doit avoir une nature telle qu'il soit au-dessus du vain
désir de la popularité, et qu'il ne puisse servir de
point de ralliement aux partis. Lorsque j'étais en
Afrique, je pensais souvent qu'il fallait un prince pour
gouverner ce pays, et imposer aux passions qui empêchent le développement de notre puissance. Aujour-

d'hui je crois qu'on peut le réclamer dans l'intérêt de la France et de la civilisation. Les Arabes sentiraient plus que nous la valeur d'un tel chef. La nature de leurs idées les porterait à le respecter tout d'abord ; ils trouveraient un point fixe auquel ils ne craindraient plus de se rallier, et le gouvernement d'Afrique ne serait plus exposé aux reproches que souvent, à tort on lui a adressés. La confiance générale renaîtrait, car dans cette classe d'hommes on doit être au-dessus des passions de ce monde, et on ne peut avoir qu'une ambition ; le bonheur de son pays !

Décembre 1836.

Le Capitaine GAILLARD.

AFFAIRES D'AFRIQUE.

TRAITÉ DE LA TAFNA.

Le traité que la France vient de conclure en Afrique avec Abd-el-Kader, représentant les Arabes de l'ouest, est empreint d'une haute intelligence des hommes et des choses de ce pays, d'une puissante sagesse et d'une habile prévoyance. Laissant de côté les cris d'avides spéculateurs ; les théories de publicistes qui de leur cabinet jugent les affaires d'Afrique sans en avoir étudié le peuple et le sol ; les rêves d'hommes honorables que les mots gloire, grandeur, rendent imprévoyants, aveugles même, ce sage traité vient satisfaire les intérêts réels de la France et les obligations que la civilisation lui imposait. Il nous retire du système ruineux dans lequel nous étions engagés, et qui faisait en outre couler sans utilité le sang de nos enfants ; il assure dans un avenir peu éloigné un débouché profitable à notre commerce et à notre industrie, il relève enfin le peuple arabe de la nullité dans laquelle il vivait, et il le rassemble sous un chef habile et capable pour créer une *nation nouvelle*. Pour nous, qui connaissons l'Afrique, qui avons cherché à ne point voir ce pays avec des yeux européens pour mieux le juger, cette opinion est bien formelle : elle est le résultat de l'étude des mœurs, du caractère, des besoins, des intérêts et des passions de ce peuple, et nous allons faire connaître, autant que cela est possible, sur quoi s'appuie notre conviction.

L'Algérie ne peut se comparer à aucun autre pays en Europe. Là, point d'habitations qui attachent au sol, point de cultures fixes qui créent des intérêts, point de routes, point de chemins qui forcent ou donnent l'habitude de suivre telle direction. Où il y a de l'eau, la terre convient à l'Arabe ; sa tente se dresse, ses troupeaux paissent. Avec un bâton ferré il remue le sol, s'en va si un caprice ou un besoin l'entraine plus loin, revient ensuite pour récolter, et continue à errer dans la circonscription de sa tribu. Dans ses courses, dans ses voyages, il marche droit au but, franchissant les obstacles quand ils ne sont point infranchissables. Là, point de gîtes pour se reposer, point de ressources pour se substanter ; devant soi, autour de soi de la terre, rien que de la terre et un peuple insaisissable. Aussi nos troupes n'y sont maîtresses que du terrain sur lequel elles campent, et leur influence ne s'étend pas au delà de la portée de leurs armes.

Cet aperçu bien succinct démontre quelle faute on ferait si l'on voulait s'étendre en Afrique outre mesure, et l'expérience nous l'a prouvé plus d'une fois. Eussions-nous occupé la Tafna, Tlemcen, Mascara, etc., que le pays renfermé entre ces points et la mer ne nous aurait point appartenu, qu'il n'aurait pu être habité par les Européens avec quelque sécurité, et qu'il n'en aurait pas moins fallu deux à trois mille hommes pour porter

d'un de ces points à un autre une simple correspondance. C'est en vain qu'on eût espéré amener à une
soumission les tribus nombreuses renfermées dans ces
limites ; leur orgueil, leur vanité, leur fanatisme, s'y
seraient constamment opposés, et la guerre, le pillage,
sont trop dans *leur humeur* pour qu'elles eussent déposé
les armes. Au delà de ces limites, habitent encore des
tribus très-peuplées, et leur influence, celle des habitants du Maroc, les intrigues, l'audace ou l'habileté de
quelques hommes les auraient constamment maintenues
dans un état d'hostilité, si conforme d'ailleurs à leurs
passions, que leur vie errante rend si facile et en même
temps exempte de tout danger. Les eût-on refoulées ?
mais c'eût été une guerre de tous les jours, de tous les
instants, une guerre d'extermination enfin, puisque le
territoire de chacune d'elles est sa patrie, et que pour
la défendre elle nous attaquera, car, derrière elle, il
y a bien des tribus, mais il n'y a plus de patrie. Et que
d'or, que de sang il eût fallu répandre pour balayer
tout ce terrain, et ce but une fois atteint, la grande
muraille de la Chine aurait pu seule nous mettre à
l'abri de leurs excursions. Sur la circonférence de l'immense demi-cercle que forme la province d'Oran, trente
points fortifiés n'auraient point suffi pour empêcher les
Arabes d'y pénétrer ; en deuxième et en troisième ligne
vingt autres points auraient été nécessaires ; des routes
auraient dû être créées, des ponts construits, des aque-
ducs, des fontaines érigées ; que de millions alors nous
aurions dû ajouter aux millions que l'entretien des
troupes, ainsi que l'état de guerre auraient engloutis,
et tout cela, pour récolter du blé, de l'orge, élever des
bestiaux, enrichir des spéculateurs, et recueillir l'écume
des populations riveraines de la Méditerranée.

L'expérience a prouvé que l'on ne peut point obtenir de ce sol les produits inter-tropicaux. La canne à sucre n'y donnerait point un rendement suffisant, puisqu'à Tunis, où la température est beaucoup plus élevée, et malgré les efforts du gouvernement, on a été obligé de renoncer à cette culture. Le cafier ne croit pas même en Egypte. Le nopal à cochenille ne peut être sauvé de la destruction, malgré les soins que l'on donne à cet insecte. L'indigo et le coton herbacé s'y développent, mais la modicité de leur rapport oblige d'en abandonner la culture. La vigne, le mûrier, le ver à soie pourraient sans doute donner de bons produits ; mais il faudrait demander à la moitié de la France si elle veut accepter cette nouvelle concurrence, de même qu'il faudrait demander à l'autre moitié si elle veut recevoir le blé et le bétail de l'Algérie. En présence de ces vérités, que les bornes d'un journal nous empêchent de développer et d'appuyer par des faits, et devant le conflit des opinions, la politique de la France a dû être circonspecte, méditative et prudente ; elle a dû étudier les hommes et les choses, observer la marche des événements, les juger, non point avec les passions humaines, mais avec la sagesse d'une seconde providence, qui embrasse à la fois le passé, le présent et l'avenir. D'un point de vue élevé, elle a dû méditer sur l'histoire de la domination des Romains en Afrique, et elle a sans doute reconnu que *la décadence de Rome datait du jour où elle a mis le pied en Afrique.* Pendant des siècles elle y soutint des milliers de combats : elle y porta tout son sang, tout son or. Cette terre devint le théâtre de divisions profondes qui séparèrent les Romains en deux camps, et lorsque les barbares du Nord surgirent, le grand empire n'était plus à Rome ;

l'Afrique avait absorbé ce centre de vie. C'était là le sort réservé à la France entraînée par des idées irréfléchies de grandeur, si la politique sage et éclairée qui nous dirige ne nous avait point arrêtés sur la pente qui nous conduisait à notre ruine, et nous ne doutons pas que les hommes impartiaux qui voudront examiner attentivement les passions jalouses qui existent en Europe contre nous, et les passions, bien plus dangereuses encore, qui nous divisent si malheureusement, ne jugent comme nous combien il y a de sagesse et de prévoyance dans le traité signé par le général Bugeaud.

En entrant dans l'examen et la discussion des articles du traité, nous avons l'intention de présenter, autant que nos limites étroites nous le permettent, les raisons et les moyens qui n'ont pu trouver place dans les considérations générales que nous venons d'exposer.

L'article 1er du traité stipule la reconnaissance de la souveraineté de la France en Afrique. L'honneur est maintenu : la gloire de la conquête reste intacte : l'amour-propre est satisfait. Cet article nous donne en Afrique plus de puissance que jamais les Turcs n'en ont eu, car cette reconnaissance d'Abd-el-Kader, représentant les Arabes de l'ouest, au nombre de douze à quinze cent mille au moins, est solennelle, tandis que le pouvoir des Turcs fût constamment contesté en Afrique. Ils employèrent cinquante-trois ans pour établir leur domination à Bou-Farich, marché situé à sept lieues d'Alger, et de nos jours encore, malgré une domination d'environ trois siècles, ils étaient obligés chaque année de mettre en campagne une armée pour aller percevoir les contributions, qu'ils n'obtenaient encore souvent qu'après avoir combattu. La force seule les soutenait, la force toujours armée, toujours militante, et il faut bien remarquer que chaque turc était obligé d'être soldat tant qu'il pouvait porter les armes, et que sa vie se passait à combattre pour vivre. Chaque année, il fallait obtenir une nouvelle soumission de la part des tribus, mais de celles seulement que leurs armes pouvaient atteindre, et jamais aucun traité ne vint reconnaître d'une manière explicite leur suzeraineté. La France, en sept années, et malgré le système dans lequel on l'a entraînée, a donc plus obtenu que les Turcs en trois cents ans.

Le territoire que la France conserve comme propriété qu'elle se réserve d'exploiter par elle-même, est plus que suffisant pour tenter les colonisateurs, et leur permettre de se livrer aux essais de culture des produits inter tropicaux. Plus de quarante lieues carrées autour d'Oran ; Arzew ; Mazagran ; Mostaganem et leurs territoires ; cent cinquante lieues carrées autour d'Alger donnent bien certainement aux spéculateurs tout le terrain nécessaire pour se livrer à des entreprises et sur une échelle assez large ; plus de deux cent mille Européens peuvent y trouver place, et la protection qu'on leur devra deviendra facile, et, par le traité, doublement efficace. La délimitation est faite sagement ; elle s'appuie à des obstacles naturels qui rendront la surveillance très-simple, et qui diminueront les postes qui devront y concourir. Nous donnerons plus tard des détails statistiques sur les points que la France s'est réservée en Afrique.

L'article 3 du traité définit parfaitement la position de l'émir, en même temps qu'elle corrobore la reconnaissance de notre souveraineté, que stipule l'article 1er. Abd-el-Kader administre la province d'Oran, celle de Tittery, et la partie de celle d'Alger qui n'est pas comprise à l'ouest dans les limites indiquées dans l'article 2. L'émir est donc notre administrateur ; il n'est pas même gouverneur ; il administre seulement : il est notre préfet dans l'ouest de l'Afrique, et il ne pourra pénétrer dans aucune autre partie de la régence. Jamais les Turcs n'avaient obtenu un semblable avantage. Les chefs des tribus arabes n'étaient pas même feudataires des Turcs ; ils étaient indépendants et soumis seulement à des extorsions ; et aujourd'hui Abd-el-Kader, appartenant à la plus grande famille de marabouts de l'Ouest, famille qui descend de Mohammed, stipule pour douze cent mille Arabes qu'il administrera cette partie de l'Afrique ! Cet article a une haute portée politique que les hommes impartiaux doivent apprécier.

Les articles 4 et 5 stipulent sagement les relations qui doivent exister entre les Français et les Arabes. Le respect que nous devons à la religion est une loi de conscience et une loi politique, et ces deux lois s'appliquent essentiellement aussi aux mœurs et aux coutumes. La fusion s'opérera si les Européens qui habiteront l'Afrique savent tenir une conduite prudente et morale.

Par l'article 6 l'émir donne à l'armée française trente mille fanègues de blé et d'orge (la fanègue équivaut à peu près à notre hectolitre) et cinq mille bœufs. Le traité est habile en employant le mot donner au lieu d'avoir fait de cette stipulation une obligation. Le Khoran défend expressément à tout musulman de payer aucune contribution aux infidèles ; *ils ne peuvent pas même se racheter de l'esclavage* ; il a donc fallu tourner la difficulté. Cette loi du Khoran a empêché de stipuler une redevance annuelle, redevance insignifiante par elle-même, puisqu'elle aurait pu peut-être monter à

500000 fr., et c'est une somme que l'état de paix décuplera pour nous sur ce seul point de l'Afrique. D'ailleurs en laissant les Arabes s'enrichir, nous leur laissons se créer des besoins dont notre commerce saura bien profiter. Comme impôt, deux et deux ne font pas toujours quatre, et l'abandon d'une redevance de 500 mille francs procurera à notre industrie et à notre commerce plusieurs millions de bénéfices.

L'article 7, qui oblige Abd-el-Kader à acheter en France la poudre, le soufre et les armes dont il aura besoin, applique à notre pays un grand principe d'économie politique repoussé jusqu'à ce jour, mais que les nations commerçantes les plus sages ont constamment suivi. Les Hollandais vendaient à Louis XIV les approvisionnements dont il avait besoin dans la guerre qu'il fit à la Hollande, et les Anglais n'ont point cessé de vendre aux Américains les armes avec lesquelles ceux-ci les combattaient. C'est que la guerre est assez ruineuse, sans y ajouter la ruine du commerce, et que la guerre se termine toujours en faveur de celui qui a le dernier homme et le dernier écu. Ne point livrer aux Arabes la poudre et les armes, c'est les obliger à les acheter aux autres nations, et c'est en vain que depuis sept ans nous leur refusons ces produits. Maroc, Tunis et Tripoli ont fourni à leur consommation. Louons donc cet article, qui pose pour l'avenir un principe utile au pays.

L'article 8 protège les Kolouglis de Tlemcen qui s'étaient compromis pour nous. C'est de la justice et de la puissance.

L'article 9, en cédant Rachgoun, n'a point cédé l'île de ce nom, qui observe cette plage. Elle nous reste comme sentinelle.

Les articles 10 et 11 commencent la fusion entre nous et les Arabes, en stipulant la liberté du commerce et le respect des propriétés; et notre puissance s'y fait bien sentir, puisque l'émir s'engage à rembourser les dommages que les Arabes feraient éprouver aux Européens. Cette même puissance s'exerce dans l'article 13.

L'article 14 satisfait à tout ce que notre commerce pouvait désirer, puisqu'il oblige les Arabes à ne commercer que par les ports occupés par la France.

Enfin l'article 15 nous permettra de surveiller l'émir, en entretenant auprès de lui des agents qui, tout en nous éclairant sur ses actes, pourront les diriger dans l'intérêt de la civilisation.

Comme œuvre politique, ce traité satisfait à toutes les conditions. Notre souveraineté est proclamée, et c'est une proclamation qui a l'Europe et l'Afrique pour témoins. Il ouvre aux nations les portes d'une contrée qui, jusqu'alors, avait refusé avec obstination et cruauté tout rapport avec la chrétienté. Il réconcilie l'Orient et l'Occident; il pose les bases d'une fusion profitable à tous les intérêts; il livre à l'activité des hommes aventureux une circonscription de terrain assez grande pour qu'ils mettent en pratique leurs vues agricoles; il crée des marchés pour notre industrie; il réunit sous un homme capable, qui a fait un voyage en Egypte pour étudier l'organisation de Mehemet-Ali, de nombreuses tribus vagabondes, et dont toutes les forces se portaient vers la guerre et le pillage, et c'est par nos braves soldats, notre commerce et nos vaisseaux que la civilisation est appelée à pénétrer en Afrique!

Nous allons examiner maintenant la valeur de l'homme auquel la France vient de confier le beau rôle de civilisateur. Le moment est venu pour le rem-

8

plir, et Abd-el-Kader a donné jusqu'ici trop de preuves d'une capacité réelle s'appliquant à la civilisation, pour qu'on doive espérer qu'il réussira dans cette entreprise si glorieuse pour nous et pour lui, et si utile à toutes les nations.

Après avoir discuté bien sommairement la valeur matérielle du traité de la Tafna, démontré qu'il laisse avec une sage mesure un champ assez vaste aux entreprises agricoles, qu'il ouvre à notre commerce un débouché certain en Afrique, qu'il jette enfin les bases d'une fusion qui s'opérera si nous savons tenir dans ce pays une conduite politique et morale, il nous reste à examiner si l'Arabe est disposé à recevoir les bienfaits de la civilisation, et si l'homme qui doit les lui faire connaître possède les qualités nécessaires pour remplir ce noble but.

L'Afrique est-elle donc un corps expirant sur lequel un peuple puisse se jeter comme une volée de corbeaux? Est-ce donc une masse granitique que le jeu seul de la mine puisse briser? L'Arabe d'Afrique a t-il une tête de fer, un cœur d'acier? Est-il un autre homme que son frère d'Egypte? N'est-il point impressionnable au plus beau spectacle de ce monde, celui de la nature? N'a-t-il point de sensations; n'éprouve-t-il point d'émotions; ne comprend-t-il aucunes jouissances? Ah! s'il en était ainsi, ce ne serait point une créature humaine. Mais, il faut nous rassurer. Ce peuple sent; il pense, il observe, il médite. Il tient peu à l'existence, mais il aime les plaisirs de la vie. Il est avide de richesses, et, peuple pasteur, son luxe est dans ses troupeaux, dans ses chevaux, dans ses armes. Il est né poète, et sa riche imagination, à défaut d'autres objets qui l'attirent, chante les fleurs, les eaux, la verdure, les forêts. Son prophète lui a fait un paradis de ces délicieuses choses. S'il les désire tant dans l'autre monde, pourquoi ne les chercherait-il pas dans celui-ci ? Et Mohammed ne le lui a pas défendu ! Voici la base de la civilisation africaine, celle que l'Arabe comprendra, saisira, s'appropriera si nous savons la lui présenter.

Ainsi, sur le territoire que nous nous sommes réservé, le sol défriché, fertilisé ; des routes ouvertes dans toutes les directions ; de jolies fermes bien ombragées, entourées d'eau ; des arbres plantés sur les routes, viendront offrir aux Arabes des exemples qui ne seront pas perdus pour eux. Ils voudront d'abord des habitations, des arbres et de l'eau dans un climat où le soleil brûle et dessèche : ils en auront bientôt, on peut en être certain ; car l'homme ne résiste pas longtemps au désir d'améliorer son sort. Et puis les vieux Arabes passeront ; des générations nouvelles se lèveront. En entrant dans ce monde, elles verront nos merveilles et seront disposées à nous imiter. Les relations avec les Européens, les richesses qu'elles acquerront feront le reste, et le développement de leurs idées amènera le développement de leurs besoins.

Il ne faut pas croire que la religion soit une barrière insurmontable : ce serait une grave erreur que l'étude du Khoran peut dissiper. Mohammed, dans ses versets, fait une guerre acharnée aux infidèles ; mais il faut savoir qu'il a établi sa religion sur les débris du polythéisme qui régnait alors chez les Arabes. Aussi, dans chacun des chapitres de ce code religieux et politique, est-ce contre les peuples qui croient à plusieurs dieux qu'il s'élève. Mais il reconnaît Moïse et les prophètes ; il honore Jésus et Marie sa mère ; il les place à côté de Dieu, *comme signe de son unité.* Qu'on ne croie donc plus qu'il existe une barrière infranchissable entre les chrétiens et les mahométans. L'islamisme est fils du christianisme, et quelques hommes de foi et de conscience doivent parvenir un jour à réconcilier deux religions dont les coutumes et les mœurs font la principale séparation. Cela n'est point impossible, quand on réfléchit attentivement à ce travail de l'esprit humain qui se fait sentir chez tous les peuples. Et l'Afrique marchera aussi dans la voie de la civilisation ; car l'Egypte est trop près d'elle pour qu'elle ignore les rapides progrès que fait ce peuple qui est de même race et de même croyance. Mais, on ne peut trop le répéter, de notre conduite seule dépend le succès.

Si les bornes d'un article de journal nous le permettaient, nous ferions connaître l'intéressante histoire des Arabes depuis 1830. Nous les verrions, dans la province d'Oran, secouer le joug des Turcs, les combattre soit par ruse, soit par la force, puis chercher à se gouverner par eux-mêmes, à grouper les tribus autour d'un chef choisi par elles ; ne pouvoir s'entendre sur ce point ; appeler pour les gouverner Moulaï-Ali, neveu du shériff de Maroc ; et celui-ci, au moment où son armée composée de six mille cinq cents Marocains, de dix mille Arabes, de trois mille Hadars de Tlemcen, n'avait plus qu'à s'emparer du méchouar de Tlemcen, défendu par deux mille cinq cents Turcs et Coulouglis, s'enfuir précipitamment et dans le plus grand désordre jusqu'à Fez, parce qu'un de ses soldats avait violé la sainteté d'une mosquée. Il crut que la colère céleste allait s'appesantir sur lui, dispersa toute son armée et revint honteusement dans le Maroc. Après cet événement, tous les grands de la province d'Oran, fatigués de l'anarchie qui y régnait, jugèrent plus sage de s'en rapporter aux lumières de la religion qu'à la puissance du sabre, et ils convinrent, pour obtenir une influence capable d'imposer aux partis, de choisir un chef parmi la classe des marabouts. Celui qui réunit l'assentiment général, fut Sidi-Maïddin, d'une famille vénérée de marabouts qui remonte, sans aucune tache, jusqu'à Mohammed. Maïddin prit possession de Maskara, établit la paix et se rendit à Tlemcen pour achever son œuvre de conciliation, lorsqu'il y fut empoisonné dans un repas que lui donna un agent des Coûlouglis. Il laissait deux fils; l'aîné était un illuminé; le second était Sidi Abd-el-Kader. Celui-ci fut choisi par tous les Arabes pour succéder à son père. Il jouissait parmi eux d'une grande réputation de sagesse; il avait fait en 1830 le pèlerinage de la Mecque; s'était arrêté en Egypte et en avait rapporté des idées d'organisation qu'il voulait appliquer à son pays. Fort de l'assentiment des principales tribus, s'appuyant sur la confiance qu'il leur inspire, il a déjà commencé des réformes d'autant plus remarquables qu'elles ont frappé sur les cadis et les muphtis. Aujourd'hui, âgé seulement de trente ans, il voit réunie autour de lui une masse imposante d'Arabes, qui, jusqu'alors, n'avaient trouvé de bonheur que dans la vie errante, et qui, aujourd'hui, sentent le besoin d'une agrégation. Par sa sagesse, il contient leurs passions, et il acquiert une popularité inconnue dans ces contrées. Dans ses rapports avec nous, comme ennemi, il s'est encore montré sage, n'a point tiré vanité de quelques succès, ne s'est point laissé décourager par de nombreux revers, et il a toujours laissé une porte ouverte à la paix. Comme ami, après le traité fait avec le général Desmichels, traité fort approuvé dans le temps et qui était bien loin de satisfaire, comme

celui de la Tafna, à notre amour-propre et à nos intérêts, Abd-el-Kader s'est montré puissamment intelligent,
appréciant notre supériorité, notre civilisation et désireux de s'allier par tous les moyens possibles avec nous.
Il sent bien qu'il ne peut être fort que par nous, il
estime bien toutes les difficultés qui lui restent à vaincre
pour nationaliser les Arabes ; il apprécie bien que ce
n'est qu'avec notre aide qu'il pourra réussir, et Abd-
el-Kader, homme d'ordre et de progrès, doit marcher
avec nous. Et que l'on ne craigne point en France de
voir se créer cette nation nouvelle. Voyez l'Egypte, elle
est civilisée par l'influence d'une armée française, et
par le génie d'un grand homme, Méhémet-Ali. Peut-on
douter aujourd'hui que cette nation ne nous soit
beaucoup plus profitable que si, avec des milliards et
des milliers d'hommes, la France en eût fait une colonie. Elle nous eût épuisé comme toutes les colonies
épuisent, comme l'Afrique nous aurait épuisés, car elle
avait épuisé Rome, qui cependant alors était maîtresse
du monde, qui n'avait point comme nous de voisins
puissants, jaloux et peut-être haineux. Soyons dignes
du degré de civilisation auquel nous sommes parvenus.
Que les leçons que les siècles passés nous ont léguées
ne soient pas perdues pour nous. Méditons sur l'état
actuel de l'Europe ; jugeons notre situation au milieu
d'elle ; comprenons notre grandeur ; elle est dans
notre heureuse position compacte, et prenons bien
garde de la compromettre. Ne nous laissons point
éblouir par ce mot orgueilleux : la Méditerranée doit
être un lac français ! Civilisons ses bords, et il sera alors
tout français, car il n'y a qu'un Marseille sur cette mer,
et une France pour satisfaire aux nombreux besoins de
la civilisation. Mais surtout procédons lentement et

n'oublions pas que le temps est la première source de tout succès et de toute richesse.

Juillet. 1837.

Le Sous-Intendant militaire, GAILLARD.

NOTE PARTICULIÈRE

SUR LA POSITION POLITIQUE DU BEY DE CONSTANTINE.

La puissance d'Hadj-Ahmed, bey de Constantine, paraît en ce moment bien établie. Ses trésors sont considérables; ses attirails de guerre sont suffisants; les hommes qu'il peut mettre en campagne sont nombreux, et se divisent en deux corps : troupe permanente, au nombre de deux mille cinq cents combattants environ, et troupe irrégulière, qui peut s'élever à douze mille hommes. Ces moyens, mis en action par une politique vigoureuse et très-habile, appuyée sur des alliances de famille, assurent à Ahmed une forte domination dans la province de Constantine; mais pour parvenir à ce résultat, il s'est livré à de nombreuses exactions; il a détruit ou dispersé la majeure partie des Turcs et des Colouglis qui habitaient la ville; il a dévasté, tantôt par la force, tantôt par la ruse, les tribus arabes qui pouvaient lui porter ombrage; il a enlevé leurs chefs après les avoir dépouillés, en a fait massacrer un grand nombre et les a mis hors d'état de pouvoir de longtemps, et par eux-mêmes inquiéter sa puissance.

Les alliances d'Ahmed sont bien distribuées dans la province de Constantine. Vers Tunis, le cheikh El-Riski El-Henanecha ; vers le désert, Ben-Gana-Cheikh-el-

Arab, et vers Alger, le cheikh Ben-Abdalla des Ouled-Mekrane, tous parents du bey, dirigent leur influence de la circonférence au centre de la province, et entraînent dans leur action dix-neuf tribus principales sur l'amitié desquelles Ahmed peut compter. Ces alliances donnent au bey l'appui de . .   7800 cavaliers environ.

    Sa troupe soldée est certainement de. . . . .   2500 au moins.

    Les gens de Constantine et des environs pouvant combattre, sont de.   2000

                               12300 hommes.

Mais, quoique soumis aujourd'hui, ou pour mieux dire contenus, les Arabes, vaincus et dépouillés par le bey, n'en ont pas moins conservé une haine et un besoin de vengeance que rien ne peut éteindre, et s'ils sont trop faibles et trop divisés pour lutter seuls contre le bey, l'expédition des Français sur Constantine serait pour eux une occasion heureuse de se relever et de satisfaire leur profonde inimitié. Ces Arabes sont nombreux ; ils comptent treize mille six cents cavaliers, et lorsque j'étais en Afrique, dans mes études sur ce pays, ils paraissaient pouvoir servir de base à un système de renversement de la puissance du bey.

    Ces Arabes sont :

Chekh El-Hesnaoui-el-Henanecha .	300	cavaliers.
El-Mehatela	400	—
Ouled-Si-Ichia.	300	—
El-Haracta, Chekh-el-Madkour, Chekh-el-Boubak, Ouled-Siouan,	3000	—

El-Almas-el-Cheragua	300	cavaliers.
Ouled-Metassal.	200	—
Ouled-Abdel-Nour.	600	—
El-Seknia.	500	—
Ouled-Ben-Selama.	200	—
La moitié de Alma.	200	—
Amer-Ouled-Dekir-Ouled-Zeid. . . .	400	—
Fergioua, Ouled-Mokoura-Ben-Achour	400	—
Mohammed-Bey-Douadi-Ben-Mousseli	500	—
Ben-Hanni-Chekh-Ouled-Dillis . . .	900	—
Ahmed-el-Cherif-Rigua.	600	—
Ben-Abd-el-Salam, Ben-el-Kandous.	1000	—
El-Chekh-Farhat-Ben-Seaied.	2300	—
Mehemed-Ben-el-Chekh	200	—
Beni-Hilan.	100	—
Chekh-Saed-Ouled-Rabeh	300	—
El-Dehanecha.	200	—
Beni-Marouan.	200	—
Ouled-Ben-Job-Alla.	200	—
Ben-Begrich.	300	—

Nous avons entre nos mains, à Alger, le levier qui peut soulever ces tribus. C'est un Arabe, Ben-Zekri, appartenant à une des plus grandes familles de la province de Constantine, et dont le nom est en honneur jusque dans la province d'Oran. Cet Arabe, que nous avons appelé près de nous en 1833, et avec lequel j'avais des relations journalières, se livrait avec ardeur à l'étude de notre civilisation ; et pour nous prouver son influence sur le pays, depuis Alger jusqu'à Sétif, il y fit une excursion qui dura cinq jours, et ramena des députés de onze tribus. En ce moment, Ben-Zekri, envoyé d'Alger avec 50000 francs et les cartouches qu'il croirait pouvoir emporter, soulèverait certainement les tribus des riches plaines de Hamza, Mejanah, Suderatah, Sétif, car elles ont leurs vengeances à satisfaire, leurs richesses à reprendre sur le bey, et Ben-Zekri lui-même, vivant aujourd'hui de notre solde, aurait à déterrer la partie de la fortune de sa famille, enfouie à Constantine, qu'elle a soustraite à la rapacité du bey. Je dois dire cependant que j'ignore si Ben-Zekri est encore à notre service à Alger, mais je sais qu'on a fait beaucoup pour l'en dégoûter.

Le cheikh Faraht, qui commande aux tribus voisines du désert, est le plus profond ennemi que le bey puisse avoir. Ses motifs sont puissants. Deux fois, en 1832 et en 1834, il a recherché notre alliance. Ben-Zekri pourrait encore lui députer des Arabes pour le rallier contre le bey, ce qu'il ferait certainement avec le plus vif empressement.

Ainsi, il semble que, pour le 1er octobre, on pourrait susciter au bey de Constantine des ennemis qui le priveraient du secours qu'il va tirer des divers contingents que ses alliances lui fournissent. La défection se mettrait facilement parmi les siens, parce qu'il est d'usage dans ce pays d'abandonner le pouvoir qui s'écroule.

Ahmed, malgré ses moyens matériels et moraux, n'a pas, dans la province de Constantine, la puissance qu'Ab-el-Kader possède dans celle d'Oran. Il est cependant beaucoup plus riche, il a plus d'attirails de guerre, mais il n'est point Arabe, et pour celui qui a étudié tous les intérêts de ce pays, il y a une remarque bien vraie, c'est que l'Arabe aujourd'hui veut être gouverné par un Arabe. Il paraîtrait donc convenable que l'armée française se fît précéder par une proclamation adressée aux Arabes. On annoncerait que la guerre n'est faite qu'à Ahmed et à ses partisans ; que l'on vient détruire le pouvoir injuste et barbare qui règne sur cette contrée, et dont le but secret est de rappeler les Turcs. On proclamerait que le roi de France, après avoir examiné dans sa haute sagesse la situation générale du pays, après avoir envoyé ses deux fils sur cette terre pour mieux juger encore les besoins et les intérêts de ses habitants, veut relever la grande nation arabe de l'état d'abaissement où les Turcs l'avaient mis. Qu'il veut que les fils d'Abu-Bekr, de Moaviah, d'Abdul-Melek, de Walid, redeviennent grands et puissants. Qu'il vient aider les Arabes de l'Est à créer un gouvernement arabe, ainsi que cela a été fait dans l'Ouest en confiant l'administration à Abd-el-Kader, etc., etc.

De ces vues découlent une question : Que fera-t-on de Constantine et comment organisera-t-on la province ?

D'abord, il n'y a plus de transaction possible avec Ahmed. Il eût été bon de le protéger naguères ; il pouvait alors aider à la civilisation dans cette partie de l'Afrique ; il comprenait ce rôle, le sollicitait même, et il était capable de le remplir. Aujourd'hui qu'il s'est fait l'agent d'une influence extérieure, il n'y a plus de quartier pour lui ; on devra le faire poursuivre par les Arabes jusqu'à ce qu'il soit mort, et sa tête devra être mise à prix. La ville devra être rendue praticable ; les habitants qui se seront le plus acharnés contre nous seront soumis à un déplacement ou même obligés de quitter la province. La contribution de Tlemcen paraît devoir empêcher de demander une contribution à Constantine. Il semble ensuite que, d'après ce qui s'est passé chez les Arabes de l'Ouest, après la déroute de Moulaï-Ali, on doive appeler à Constantine tous les grands et tous les marabouts de la province, pour décider la forme du gouvernement à adopter, et la famille qui sera chargée du soin des affaires publiques. Dans l'Ouest, il y avait un homme appartenant à une illustre famille qui s'était fait un grand renom : dans l'Est, cet homme ne se trouve pas ; aussi paraît-il sage de diviser la province en trois principautés. La première s'étendrait des frontières de Tunis au Djebel-Babourah, près Sétif. La deuxième s'étendrait depuis cette montagne jusqu'à la limite de la province de Tittery, et la troisième qui occuperait le Sud réunirait les tribus jusqu'au désert. Cette note ne comportant pas de plus amples développements, je me bornerai à indiquer les noms de quelques concurrents. Pour la province du sud, le cheikh Farhat serait un homme utile que l'on s'efforcerait habilement de faire choisir par les Arabes : il trouverait peu d'opposition. Pour celle de Sétif, Ben-Zekri pourrait être choisi ; il est déjà à demi civilisé : à défaut, Toppal-Ben-Aïd-Selam, ancien cheikh des Ouled-Mekrane, serait encore un choix utile. Pour la province de l'Est on trouverait chez les Henanechas des Arabes puissants, tels que l'ancien cheikh Hesnaoui, qui seraient facilement élus.

La vraie population du pays est formée par les Arabes : les appeler à briser le joug qui pèse sur eux, c'est se créer de puissants auxiliaires. Le temps, de bons exemples, des conseils utiles et à propos, quelques hommes de foi et de prudence parviendront certainement à réconcilier l'Europe et l'Afrique.

1er Septembre 1837.

Le Sous-Intendant militaire, GAILLARD.

NOTE COMPLÉMENTAIRE.

La prise de Constantine, si glorieuse pour nos armes, a cela d'heureux surtout qu'elle nous replace vis-à-vis des Arabes, dans la position où nous nous sommes trouvés après la conquête d'Alger. Nos fautes sont effacées ; notre puissance et notre force sont de nouveau reconnues ; notre caractère lui-même en sera mieux compris par les indigènes. De ce jour nous redevenons maîtres de notre conduite, il faut donc juger, mais promptement, celle que nous devons adopter.

Dans la note qu'on a eu l'honneur de remettre le 1er septembre dernier, à son altesse royale monseigneur le duc d'Orléans, on a essayé de traiter cette question : Que fera-t-on de Constantine et comment organisera-t-on cette province ? La réponse a été celle-ci : On doit appeler à Constantine tous les grands et tous les marabouts de la province, les convoquer en assemblée pour arrêter les bases d'une organisation du pays séparé en trois districts, et choisir les chefs qui doivent être appelés à les gouverner. On n'avait point alors la pensée que l'on dût garder toute la province de Constantine, et on ne peut point l'admettre encore aujourd'hui. Cette opinion se fonde sur ces trois considérations :

L'intérêt de la France ;
L'intérêt de l'Europe ;
L'intérêt de l'Afrique.

La France n'a aucun intérêt en Afrique. Le sol ne nous convient pas. Ses produits sont les mêmes que les nôtres. L'Arabe a des mœurs et un caractère entièrement opposés à notre caractère et à nos mœurs. Une loi à la fois religieuse et civile, fondée sur les nécessités du climat, lui tient lieu d'organisation politique et fait de chaque indigène un homme fier, digne et fort. Le refouler serait impraticable ; le dominer serait *infructueux*, et chacun de ces moyens serait ruineux. Le nationaliser est le seul que nous puissions employer puisqu'il faut que nous restions en Afrique. Depuis trois cents ans les Arabes souffraient sous le despotisme des Turcs ; despotisme cruel et sanguinaire, avide et spoliateur. Nous l'avons détruit dans les provinces d'Alger, de Tittery et d'Oran, mais alors l'anarchie, bien plus implacable, l'a remplacé, et l'on a vu les Arabes, bientôt fatigués du désordre, *se réunir*, chercher un chef parmi eux, élire dans l'Ouest Sidi-Mahïddin père d'Abd-el-Kader, et, après sa mort, *remettre son pouvoir entre les mains de son fils*. C'est ainsi que la nation arabe commence à s'élever, et le traité que la France a conclu avec Abd-el-Kader appuie cette nationalité nouvelle. Mais un peuple nombreux, répandu sur un vaste territoire, coupé par des chaînes de montagnes abruptes, sans moyens de communication, sans cours d'eau navigables, ce peuple, que l'intérêt de tribu divise encore, ne peut point immédiatement se réunir en une grande nation. Aussi faut-il chercher pour gouverner la grande province de Constantine un homme autre qu'Abd-el-Kader, mais comprenant comme lui les destinées de son peuple. Dans l'Est, cet homme ne se trouve pas, et la province de Constantine est trop près de la côte turque qui s'étend de Tunis à Tripoli, pour que la politique seule n'indique pas encore sa division en trois districts tels que le comporte la note du 1er septembre.

Alors l'intérêt de la France est pleinement satisfait. Le nombre de ses soldats en Afrique diminue ; leur sang ne coule plus dans des expéditions aventureuses ou même inutiles. Le trésor est ménagé. L'Arabe ne voit plus en elle qu'une nation généreuse qui lui apporte l'indépendance qu'il appelle depuis si longtemps, la paix qu'il aime pour son bonheur, et la richesse que ce nouvel état et de nouvelles relations doivent lui procurer. Alors ce peuple, qui commence à connaître les destinées de son frère d'Egypte, qui traverse cette contrée pour remplir un devoir sacré, le pèlerinage à la Mecque, comprendra les bienfaits de la France, et, de lui-même, par l'exemple, par l'intérêt, par ses passions, qui changeront de nature, il entrera dans le mouvement de la société européenne, au moyen de relations profitables à tous ses membres.

Ce jour est moins éloigné qu'on ne pourrait le penser, car, après avoir beaucoup souffert, on marche vite vers le bien-être.

L'intérêt de l'Europe me semble diamétralement opposé à celui de la France. Si celui-ci consiste aujourd'hui à occuper en Afrique quelques points, jusqu'au jour où, par notre influence, assise sur la paix et le commerce, nous aurons amené ce peuple à des relations amicales avec les Européens, celui-là me semble au contraire consister à nous voir entreprendre la conquête de ce pays, et à nous établir sur tous les points habitables. Les hommes politiques savent bien que la guerre la plus sûre ne se fait pas toujours sur le territoire de l'ennemi, et c'est ce principe qui fit, je crois, conseiller à Louis XIV d'attaquer la Hollande en Egypte et non sur ses canaux. L'Afrique est un bien beau champ de bataille pour l'Europe. Là, elle nous combat chaque jour sans or et sans soldats. Encore dix ans, et sur cette terre, cent mille français auraient succombé par le fer, la fièvre ou le soleil ; 600 millions n'auraient peut-être point suffi à leur entretien, et soixante mille hommes au moins, puisqu'aujourd'hui nous y en avons environ quarante mille, seraient nécessaires pour maintenir notre domination.

Quelles conséquences un semblable état de choses n'aurait-il pas pour la France ? et si, comme je l'ai indiqué dans l'ouvrage publié en janvier dernier, la décadence de Rome doit dater du jour où elle a mis le pied en Afrique, quel sort ne serait point réservé à la France, avec sa position presque centrale dans l'Europe jalouse ou ennemie ? Aujourd'hui le torysme anglais nous interpelle au sujet de nos conquêtes en Afrique, mais ce n'est pas qu'il les redoute, il est trop habile pour cela ; c'est qu'il veut nous y attacher par amour-propre, bien certain qu'il est que nous nous affaiblirons en voulant en faire une terre française. La mission secrète que le major Fraser a remplie en Afrique en 1833, quoiqu'il y eut alors à Alger un consul général et un vice-consul, m'a fait penser que le gouvernement anglais considérait la question d'Afrique sous deux points de vue, et l'observation dont j'ai pu entourer cet officier supérieur m'a fait croire qu'il pensait et agissait selon les intentions que je prête au parti tory.

Puisque l'opinion aveugle qui règne en France en ce moment encore, vient en aide aux intérêts de l'Europe, la politique si sage et si habile qui nous gouverne doit nous retirer du gouffre dans lequel nous jetons nos soldats et nos trésors. En nationalisant les Arabes, elle nous arrête dans nos erreurs, elle satisfait notre amour-propre en flattant cette philanthropie chevaleresque qui nous coûte souvent si cher; elle peut détourner les projets de l'Europe, si elle nous est hostile, en laissant deviner à sa diplomatie que nous pouvons un jour abandonner l'Afrique avec l'assentiment général, ou n'y garder que des comptoirs établis dans l'intérêt du commerce européen.

L'Afrique est intéressée à sortir de l'état d'anarchie dans lequel elle se trouve. Elle y est disposée, et les preuves en ont été faites. Qu'elle sache nos intentions, et elle les comprendra! que leur réalisation dépende de sa conduite pacifique, et elle fera la paix! Mais aussi n'envoyons plus sur cette terre des hommes de spéculation ou d'ambition. Que celui qui sera destiné à régénérer cette belle partie du monde n'ait point à désirer la fortune, ni la gloire des batailles; qu'il soit homme politique, d'une nature élevée, prince, si cela se peut; que par sa position, bien plus encore que par son caractère, il n'ait point à désirer la popularité, et il imposera au parti avide et turbulent qui spolie l'Afrique à l'abri de nos baïonnettes; et il retiendra la noble ambition de celui qui demande des combats; et l'Arabe, trouvant en lui un ami, écoutera sa voix avec respect, suivra ses conseils et vivra bientôt à côté de nous ou avec nous. Ce n'est point une utopie que j'avance, j'ai l'expérience de l'influence que l'on peut prendre sur les Arabes; ils ne sont point des hommes de fer, et leurs besoins, leur intérêt et leurs passions les rendent aussi maniables que nous.

Mais pour que la politique française pénètre en Afrique, avec cet esprit de suite, de raison et d'habileté

qui doit la faire marcher sûrement, il me semble utile
de placer sous les ordres du gouverneur, un bureau,
une chancellerie où toutes les affaires politiques seront
examinées, étudiées, appréciées et coordonnées ; où la
correspondance avec les Arabes, toujours empreinte
du caractère propre à ce peuple, sera rédigée dans
un esprit de civilisation, sans paraître l'imposer ; où
tous les documents qui existent seront réunis et agran-
dis par une investigation qui s'étendra à toutes choses ;
où les tribus seront étudiées avec leurs besoins, leurs
intérêts, leurs passions et leurs ressources, ainsi que les
hommes remarquables qu'elles peuvent renfermer. Ce
bureau dirigerait les interprètes, les diverses polices,
dans la limite de ses attributions. Il recevrait tous les
Arabes qui s'y présenteraient pour affaires, les héber-
gerait, et il aurait la faculté de leur faire des cadeaux,
mais de peu d'importance et en objets de fabrique
française. Jusqu'à ce jour, peut-être, le général, son
état-major, ses aides-de-camp, son secrétaire, d'autres
officiers et même un sous-officier, ont rempli avec plus
ou moins de latitude ces fonctions, mais l'esprit de
suite y a manqué ; les paroles se sont envolées, les
Arabes n'ont point vu des relations fixes, et ce qui
pouvait et devrait déjà être fait, est encore à faire sans
doute. C'est dans ce bureau que les Arabes doivent nous
voir sages, justes, fermes ; désireux réellement de leur
bien-être, instruits de leur grande histoire ; apprécia-
teurs de leurs intérêts comme peuple, et de leurs qualités comme hommes. La tâche la plus difficile de ce
bureau ne sera point vis-à-vis des Arabes, aussi pour
lui donner une consistance et une considération indis-
pensables, il devrait être créé par ordonnance royale et
son chef nommé par le roi.

Dans ce système, la France peut un jour abandonner l'Afrique sans froisser l'opinion publique, et en toute liberté vis-à-vis de l'Europe. Elle aura créé une nation sur cette terre inhospitalière, et réunissant la richesse et l'intelligence qu'elle possède à des forces compactes, elle sera toujours de plus en plus puissante en Europe, et honorée partout.

Novembre 1837.

Le Sous-Intendant militaire, GAILLARD.

FIN.